保育者を目指す学生のための「保育内容・健康」実践教本

村上　哲朗
山里　哲史　著

現代図書

まえがき

　子どもが成育する環境は時代とともに課題が膨らんでいます。特に、子どもの生活リズムを確立していく環境は、子どもにとってのものとなっていないことから、生活リズムが乱れ、食育や運動状況に及ぼす悪影響は社会全体の課題となっています。

　このような状況にあって、子どもが成育していく家庭や園（幼稚園、保育所、認定子ども園）の役割は大きなものであり、相互の連携も強く望まれるようになっています。保育現場では、子ども達を成長に導く「保育内容」が定められています。その保育内容に「健康」が入れられたのは1956（昭和31）年で、6領域の中に位置づけられた後、1989（平成元）年に5領域に改訂され、環境を通しての遊びを中心とした生活の中で、その育みが期待されています。現代の大人社会、自然と乖離している人工社会の中で、改めて子ども達の健康教育の意義が課題として改訂され、「生活リズムの乱れ」「食育の重要性」「運動不足に対する指導」は、特に、改善課題として強調されました。

　今回、この教本を手がけることにしたのは、子どもの「健康教育」を保育現場で施すことになる保育者志望の学生たちの学びと資質の備えとともに、実践活動ができるようにするために、テキストとして利用できるものを作りたかったからです。理論的なことを頭で理解していても、実際に指導できなければ何の意味もありません。とりわけ、運動指導を不得手とする女子の保育者が目立つという現状の下、"使える教本"として利用してもらえるように編集しました。保育の実践に際し、拙書が役立ってくれればこの上ない喜びです。

2017年3月

編著者　村上　哲朗

目　次

まえがき iii

PART 1
改訂された「保育内容・健康」の理解と実践

§1　保育内容・領域としての「健康」... 2
　1. 保育内容「健康」の目標とねらい・内容 2
　　（1）保育の目標と領域「健康」（幼稚園・保育所・認定子ども園）................................. 2
　　（2）「健康」のねらい 3
　　（3）「健康」の内容 4
　　（4）内容の取り扱い 5
　2. 保育内容健康の改訂と趣旨 6
　　（1）「健康」の改訂と趣旨 6
　　（2）基本的な生活習慣の乱れ 7
　　　1）子どもの生活定点の崩れ 7
　　　2）子どもの生活時間 8
　　　3）便利すぎる生活とメディア漬けの情報社会 9
　　（3）食生活の乱れ 10
　　（4）運動能力の低下 10
§2　改訂保育内容・健康を実践する　実践課題Ⅰ 12
　1.「健康」のねらいの意味すること 12
　2.「健康」の内容を理解する 14

PART 2
今どきの子どもの健康問題と実践課題

§1 子どものからだをつくる今日的課題 22
　1. 実体験不足の子ども達 22
　2. 体力・運動能力の二極化傾向の子ども達 25
　3. 自然とのふれあい不足の子ども達 28
　4. 生活リズムと食事が乱れる子ども達 30
　5. 運動不足の子ども達 37

§2　子どもの生活と健康を育む実践活動　実践課題Ⅱ ... 41
1. 子どもの体力・運動能力二極化傾向に対する実践課題 ... 41
2. 保育現場でできる子どもの運動能力向上活動と実践課題 ... 47
3. 子どもの食育実践の試みと実践課題 ... 49
4. 子どもの遊びを広げる地域の遊び環境づくり（プレイパークの広がり）と実践課題 ... 51
5. 保育者の体力向上と人的環境整備の実践課題 ... 54
6. 子どもの「生きる力づくり」は子どもの「生活づくり」から
  （子どもの生活定点の確保と実践課題） ... 57
    (1) 子どもの睡眠と実践課題 ... 58
    (2) 排泄と実践課題 ... 59
    (3) 衣服（類）の着脱と実践課題 ... 61
    (4) 清潔・整理整頓と実践課題 ... 61

PART 3
子どもの身体活動の指導法と実践指導の留意点

§1　からだを動かす気持ちよさと楽しさの指導 ... 68
1. 幼児期の身体活動の意義 ... 68
    (1) 体力・運動能力の基礎を培う ... 68
    (2) 丈夫で健康な体になる ... 69
    (3) 意欲的に取り組む心が育まれる ... 70
    (4) 協調性やコミュニケーション能力が育つ ... 70
    (5) 認知的能力の発達にも効果がある ... 71
2. 運動の楽しさを味わう活動（楽しさを感じる要因について） ... 71
3. 運動に向き合う心づくり ... 73
4. 身体活動の段階的指導の組み立て ... 75
5. 運動指導における方法的補助手段と効果について ... 77

§2　身体活動の実際と指導の実践　実践課題Ⅲ ... 78
1. 就園前の子どもの運動遊び ... 79
    (1) お気に入りの遊びを見つける ... 79
    (2) サーキット運動 ... 79
    (3) フィールド・アスレチック ... 81
2. 心と体をほぐす運動遊びと実践課題 ... 82
    (1) コミュニケーションが育まれる触れ合い遊びやゲーム遊び ... 82
    (2) ゲーム的な遊び ... 88
3. 器械を使った運動遊び ... 89
    (1) 器械運動の基礎的な動き作り ... 89
    (2) 器械を使った運動遊び〈マット運動〉 ... 92

(3)器械を使った運動遊び　〈跳び箱を使った運動〉.. 95
　　　(4)器械を使った運動遊び　〈鉄棒遊び〉.. 97
　4. 競争も楽しい運動遊び.. 100
　　　(1)リレーやかけっこ遊び.. 100
　　　(2)ゲーム的な運動遊び.. 101
　　　(3)運動会で盛り上がろう.. 102
　5. 自然をフィールドにした遊び.. 103
　　　(1)オリエンテーリング.. 103
　　　(2)ネイチャーゲーム.. 104
　　　(3)野外活動.. 106

§3　身体活動の安全と危機管理 108
　1. 事故や怪我の起こり方.. 108
　2. 保育者の危機管理意識と留意ポイント.. 113

PART 1

改訂された「保育内容・健康」の理解と実践

§1 保育内容・領域としての「健康」

1. 保育内容「健康」の目標とねらい・内容

（1）保育の目標と領域「健康」（幼稚園・保育所・認定子ども園）

　保育の目標は、学校教育法23条の目標（**資料1-1**（p.19））を達成するために掲げられていますが、保育現場では、「幼稚園教育要領」「保育所保育指針」「教育・保育要領」に基づいて日々の指導計画が立てられています。健康が保育内容の領域の中に正式に組み込まれたのは、1956（昭和31）年で、6領域（健康・社会・自然・言語・音楽リズム・絵画制作）の中でした。教科的な意味合いが強いと指摘されたねらいと内容は、教育基本法第11条（**資料1-2**（p.19））を受けて、幼児の教育は「幼児期の特性を踏まえ、環境を通して行うもの」として、それは、主体的な遊びを中心に行われるものを基本に置き、1989（平成元）年に改訂が行われて現在の5領域（健康・人間関係・環境・言語・表現）となりました。保育内容は、保育の目標を達成するために展開される生活の全てであり、子ども達の成育過程で望まれる人間形成の媒体となるものといえます。その中で、保育内容の「健康」では、「健康な心と体を育て、自ら健康で安全な生活をつくり出す力を養う」ことが求められています。2008（平成20）年に幼稚園教育要領・保育所保育指針が改訂され、2014（平成26）年に幼保連携型認定子ども園教育・保育要領が成立していますが、共通して3つのねらいがあげられ、内容について示されています。改訂された「健康」のポイントは、「生活習慣」「食育」「運動習慣」の重要性ですが、先ずは、健康の基本的なポイントを理解しておきましょう。

　表1-1は、教育・保育内容の「領域」の変遷ですが、時代とともに課題とされてきた乳幼児の健康教育のあり方を考えてみましょう。

表1-1 ▶ 教育・保育内容の「領域」の変遷

	幼稚園教育要領		保育所保育指針
昭和31年制定	（教育内容の領域の区分） 健康、社会、自然、言語、音楽リズム、絵画製作		―
昭和39年改訂	（教育内容の領域の区分） 健康、社会、自然、言語、音楽リズム、絵画製作	昭和40年制定	（望ましいおもな活動） 1歳3か月未満：生活・遊び 1歳3か月から2歳まで：生活・遊び 2歳：健康・社会・遊び 3歳：健康・社会・言語・遊び 4・5・6歳：健康・社会・言語・自然・音楽・造形
平成元年改訂	（教育内容の領域の区分） 健康、人間関係、環境、言葉、表現	平成2年改訂	（内容）年齢区分3歳児から6歳児まで 基礎的事項・健康・人間関係・環境・言葉・表現 ※年齢区分6か月未満児から2歳児までは上記（内容）を「一括して示してある」
平成20年改訂	（教育内容の領域の区分） 健康、人間関係、環境、言葉、表現	平成20年改訂	（保育の内容） 養護：生命の保持・情緒の安定 教育：健康・人間関係・環境・言葉・表現

（「幼稚園教育要領・保育所指針の変遷と幼保連携型認定こども園教育・保育要領の成立」2016）

（2）「健康」のねらい

　保育内容は、「ねらい」と「内容」で構成されていますが、「ねらい」は、幼稚園や幼保連携型認定子ども園では、園修了までに育つことが期待される生きる力の基礎となる心情、意欲、態度であり、「内容」は、ねらいを達成するために指導する事項とされています。保育所でも、子どもが保育所において、安定した生活を送り、充実した活動ができるように、保育士等が行わなければならない事項及び子どもが身に付けることが望まれる事項として示されています。保育所では保育士等が「ねらい」及び「内容」を具体的に把握するための視点として、「養護に関わるねらいと内容」と「教育に関わるねらいと内容」との両面から示されていますが、「教育」については、5領域から構成されています。健康のねらいと内容、さらに、取り扱いについては次のとおりです。

健康

―領域・健康の目標―
「健康な心と体を育て、自ら健康で安全な生活をつくり出す力を養う。」

ねらい

明るく伸び伸びと行動し、充実感を味わう。
自分の体を十分に動かし、進んで運動しようとする。
健康、安全な生活に必要な習慣や態度を身に付ける。

(3)「健康」の内容

「健康」のねらいを達成するために以下の内容が指導項目として示されています。指導項目は、子ども達の実際に行われる経験や体験という実質の活動がねらいであり、「ねらい」を達成するために、子ども達の心情、意欲、態度の形成に沿って保育者の的確な援助が施されなくてはならないものでもあります。**表1-2**は、幼稚園、保育所、認定子ども園に示されている内容を示したものですが、同様の内容に整えられていることがわかります。

【内容】

表1-2 ▶「健康」内容の一覧

（幼稚園教育要領）	（保育所保育指針）第3章	（幼保連携型認定こども園教育・保育要領）
(1) 先生や友達と触れ合い、安定感をもって行動する。	(1) 保育士等や友達と触れ合い、安定感を持って生活する。	(1) 保育教諭等や友達と触れ合い、安定感を持って行動する。
(2) いろいろな遊びの中で十分に体を動かす。	(2) いろいろな遊びの中で十分に体を動かす。	(2) いろいろな遊びの中で十分に体を動かす。
(3) 進んで戸外で遊ぶ。	(3) 進んで戸外で遊ぶ。	(3) 進んで戸外で遊ぶ。
(4) 様々な活動に親しみ、楽しんで取り組む。	(4) 様々な活動に親しみ、楽しんで取り組む。	(4) 様々な活動に親しみ、楽しんで取り組む。
(5) 先生や友達と食べることを楽しむ。	(5) 健康な生活のリズムを身に付け、楽しんで食事をする。	(5) 保育教諭等や友達と食べることを楽しむ。
(6) 健康な生活のリズムを身に付ける。	(6) 身の回りを清潔にし、衣類の着脱、食事、排泄など生活に必要な活動を自分でする。	(6) 健康な生活のリズムを身に付ける。

(7) 身の回りを清潔にし、衣服の着脱、食事、排泄などの生活に必要な活動を自分でする。 (8) 幼稚園における生活の仕方を知り、自分たちで生活の場を整えながら見通しをもって行動する。 (9) 自分の健康に関心をもち、病気の予防などに必要な活動を進んで行う。 (10) 危険な場所、危険な遊び方、災害時などの行動の仕方が分かり、安全に気を付けて行動する。	(7) 保育所における生活の仕方を知り、自分たちで生活の場を整えながら見通しを持って行動する。 (8) 自分の健康に関心を持ち、病気の予防などに必要な活動を進んで行う。 (9) 危険な場所や災害時などの行動の仕方が分かり、安全に気を付けて行動する。	(7) 身の回りを清潔にし、衣類の着脱、食事、排泄などの生活に必要な活動を自分でする。 (8) 幼保連携型認定こども園における生活の仕方を知り、自分たちで生活の場を整えながら見通しを持って行動する。 (9) 自分の健康に関心を持ち、病気の予防などに必要な活動を進んで行う。 (10) 危険な場所、危険な遊び方、災害時などの行動の仕方が分かり、安全に気を付けて行動する。

(「＜ねらい＞と＜内容＞から学ぶ保育内容・領域 健康」(清水ら 2015)より作表)

(4) 内容の取り扱い

内容の取り扱いに当たっては、次の事項が留意点として挙げられています。

1) 心と体の健康は、相互に密接な関連があるものであることを踏まえ、園児が保育教諭等や他の園児との温かい触れ合いの中で自己の存在感や充実感を味わうことなどを基盤として、しなやかな心と体の発達を促すこと。特に、十分に体を動かす気持ちよさを体験し、自ら体を動かそうとする意欲が育つようにすること。

2) 様々な遊びの中で、園児が興味や関心、能力に応じて全身を使って活動することにより、体を動かす楽しさを味わい、安全についての構えを身に付け、自分の体を大切にしようとする気持ちが育つようにすること。

3) 自然の中で伸び伸びと体を動かして遊ぶことにより、体の諸機能の発達が促されることに留意し、園児の興味や関心が戸外にも向くようにすること。その際、園児の動線に配慮した園庭や遊具の配置などの工夫をすること。

4) 健康な心と体を育てるためには食育を通じた望ましい食習慣の形成が大切であることを踏まえ、園児の食生活の実情に配慮し、和やかな雰囲気の中で保育教諭等や他の園児と食べる喜びや楽しさを味わったり、様々な食べ物への興味や関心を持ったりするなどし、進んで食べようとする気持ちが育つようにすること。

5) 基本的な生活習慣の形成に当たっては、家庭での生活経験に配慮し、園児の自立心を育て、園児が他の園児とかかわりながら主体的な活動を展開する中で、生活に必要な習慣を身に付けるようにすること。

2. 保育内容健康の改訂と趣旨

(1)「健康」の改訂と趣旨

　2006(平成18)年の「教育基本法」の改正や、2007(平成19)年の「学校教育法」の改正は、幼稚園教育の位置づけや小学校移行への準備として、幼児期の教育が義務教育以降の教育の基礎におかれたことを示しました。また、保育所指針の改訂の背景には、保護者の多様なニーズに応じる必要性や、「認定子ども園」制度の創設があります。これらの改訂をまとめてみると、次のように言うことができます。

改訂の背景

- 子どもや子育て家庭を取り巻く環境変化への対応
- 子ども家庭施策の進展
- 保育所保育指針の告示化への対応

　そして、改訂の大きな特徴としてくみ取れることとして、以下のことが言えます。

改訂の特徴

- 幼稚園と小学校との連携
- 幼稚園教育の充実
- 子育て支援の充実

　幼稚園教育要領や保育所保育指針が改訂された背景は、そのまま領域の内容の改訂にも関係するものであり、「健康」の改訂については、子ども達の育ちの変化が如実に現れていることから、家庭と保育現場が連携して実施していく必要が強調されたのです。子どもの安全と生命の保持が保育の基本であるのであれば、子ども達の健康を守るためには、日常の生育環境を子どものものとして環境整備していく必要があるわけです。

§1 保育内容・領域としての「健康」

```
強調された健康の課題

・基本的な生活習慣の欠如
・食生活の乱れ
・運動能力の低下
```

　これらは、子どもだけの問題ではなく、大人社会への警鐘でもあり、子どもの生活環境のみを整えるだけではなく、社会全体の問題といえます。そのため、課題とされる健康の内容を励行していくことは、人間生活を営む全ての年齢構成員のなかで行われていく必要があります。その中でも特に、発育・発達期にある子ども達の生育環境を整えるということが大切なのです。

(2) 基本的な生活習慣の乱れ

　保育現場では、幼児は幼稚園生活の時間の流れの中で、場所や時間、物の使い方などを通して、主体的に行動していけるように配慮、援助することが大切です。その上で、健康に留意する諸々のことを身に付けていくのですから、家庭との連携は不可欠で、家庭の中における生活
習慣や生活経験に配慮して、各家庭環境が一人ひとり異なることを認識し、社会の中で生活していける自立心を育むことが重要です。

1) 子どもの生活定点[1]の崩れ

　発育と発達が急速である子どもの生活の中で、生命を守り、健全な成長のためには、三度の食事を軸として規則正しい起床と就寝が励行されることは重要で、それによって成長

---

1) 精神科医の石田（1993）は、「子どもの心の基礎づくり」の著書の中で、生活リズムの起床・朝食・昼食・夕食・就寝の5つを子どもの生活定点として動かさないことが重要としている。

ホルモンの分泌はもとより、一日の生活が気持ちよく始められます。6時過ぎには起床して、余裕を持った朝食を摂ることで、体温を高め、セロトニン[2]効果で体を目覚めさせて活動をスタートさせます。午前中に十分に体を動かし、昼食を摂り、体温が一番高くなる午後にはもう一遊びしてから夕食をとって欲しいのです。20時過ぎには就寝することでメラトニン[3]効果も手伝って、子どもの一日の生活が終わります。この、子どもの生活定点が、大人の都合で、大人の生活リズムに合わせられてしまうことで大きく歯車が狂ってしまいます。食事の時間は大人の時間帯に合わせられ、就寝はかなり遅くなってしまっています。家族団らんは夜遅くファミリーレストランであったり、知人の家であったり、遅くまで子どもを連れまわす親の姿も少なくありません。子どもの生活定点が崩れてしまうことは、そのまま子どもの体に影響を及ぼすことになります。体調不良、肥満傾向、過剰な精神的ストレスなど、いまや医療機関の助けを借りなくてはならないことになっているのが現状といえます。

2) 子どもの生活時間

健康の側面から子ども達の生活時間をみると、家庭から一日の生活が始まって、幼稚園や保育所での集団生活からまた家庭に戻って、一日の生活を終えます。そのような流れの中で、各家庭で異なる生活スタイルはあるものの、発育と発達過程においては、食事、排泄、着替え、清潔を保つこと、体を動かすことなど人間生活を営む上で身に付けていかなければならない基本的課題があります。言わば子どもは、一日の生活のほとんどをこれらのことを身に付けていくために生活しているわけですから、子ども自身がじっくりと使って確かに身に付ける時間が必要なのです。遊びを通して、知恵や知識を体験的に覚えていくためにも、子どもの生活時間は確保されなければなりません。大人の生活時間の傍らに子どもの生活時間が付随しているのであってはならないのです。子どもが健やかに成長していく過程を確かなものにしていくために、充実した子どもの生活時間を積極的に確保していかなければなりません。

---

[2] 神経伝達物質で、脳の発育や感情の制御に重要な役割を果たす。セロトニン神経系は朝の光を浴び、しっかり噛む、手を振って歩くなどのリズミカルな運動によって活性化する。不足すると、うつ病や感情をコントロールできず、きれやすくなると言われている。セロトニンはトリプトファンという必須アミノ酸から作られる。トリプトファンは、カツオやマグロの赤身、チーズや木綿豆腐、バナナなど、子どもが食べやすい食品にも多く含まれる。

[3] 脊椎動物の松果体で作られ、分泌されるホルモン。外界の光周期情報を体内に伝えると考えられ、人では睡眠を促進する効果などがあるとされる。

3）便利すぎる生活とメディア漬けの情報社会

　水道の蛇口一つを例に挙げても、井戸で水をくみ上げていた時代もありましたが、現代では水道が完備され、蛇口をひねると水が出てくる時代になりました。それでも、強く蛇口をひねってしまうと中のパッキンが壊れてしまうので、きゅっと上手くひねり止めることを感覚として覚えたものです。ひねっていたものは左右上下に倒すと水が出たり止まったりするようになり、さらに昨今では、手をかざすだけで自動的に水が出てきます。これらは、現代生活のほんの一端の例といえますが、便利すぎてますます体を使わなくてもよいようになっています。またそれだけではなく、どうしたら良いのかという生活行動の工夫まで忘れ去られていっているようです。また、メディア社会は子ども達の未熟な生活の中にまでどんどん入り込んでいます。大人社会の成立が今や情報機器とネットワークで成り立っており、足を運ぶとか顔を突き合わすとか、人と人の対峙が全くなくなっています。そのため、子どもを巻き込んだ犯罪も多発しています。高額な課金を伴うゲームやSNS（ソーシャル・ネットワーク・ワーキングサービス）[4]の普及は子どもも標的になっています。便利になることは悪いことではありませんが、使うのが人であることを忘れてはなりません。自動で止まる車の運転手は人であり、車を止めるのは人なのだということを決して忘れないで文明の変化の中を生きていく必要があるのだと思います。

> **コラム ①**
>
> 　公園で、子どもが水道の蛇口の下に手をかざして「水が出ない」といっていました。また、お友達の家に遊びに行った子どもがトイレを借りに席を立ってからなかなか戻ってこないので、見にいったところ、ずっと入り口の前で立っていたといいます。聞くと、自分の家では入り口前に立つとスポットライトがついてドアを開ける合図をしてくれ、用を足すと自動で水が流れ、トイレから出るとライトは消えるということでした。現代生活の一端が垣間見えるようですね。

---

[4] インターネット上の会員制サービスの一種。友人・知人間のコミュニケーションを円滑にする手段や、新たな人間関係を構築するための場を提供する。

（3）食生活の乱れ

　"体は食べるものでできている"ということを教えていく必要があります。力を出すためにはどの食べ物が必要なのか、風邪などひかない強い体を作るにはどのようなものを食べたら良いのか。食べるものによって体が作られるということを子どもの頃から教えていくことはとても大切なことです。「これで我慢して」「時間がないから」などといって、ただ単におなかを膨らませるだけのものは食事とはいえないのです。発育期にある子ども達の体には何をどれくらい摂らなければならないのか、それは栄養士さんの仕事ではありません。家庭では親の仕事、園では保育者の皆さんにもその責任があります。野菜嫌いとか魚嫌いとかよく耳にします。好き嫌いは当然あるものですが、食べなくてはならないものもある、ということを明日の体のために教えていくのです。野菜は種から発芽して花を咲かせて実を結びます。畑などで一緒に栽培して育てたりすることで、食べ物や食事に興味を持つこともあります。食べることは人間にとって一番大切であるということ、感謝していただくという食育は、とても大事な活動です。人の体は食べるものでできているということを、食べ物への感謝とともに教えていきましょう。翻って、個食や孤食[5]がどれだけ食事の楽しみを奪っているかを大人はもっと考えなければならないと思います。

（4）運動能力の低下

　一時期、子どもの体力の低下が言われていましたが、ここ数年は少し回復傾向にあるようです。しかし、巧みに動くとか、調整して動くといった運動能力の面では低下気味だといいます。全国体力テスト[6]など、県や国を挙げて子ども達の体力回復のための政策や対策が講じられてはいるようですが、今の子ども達の置かれている生活環境や学校生活環境の中でもっと体を使う習慣を取り入れていく方法を考える必要があるかと思います。体は正直です。食べ物が体を作るように、運動も体を作ります。どんなに発展した社会であっても、例えば大きな自然災害が起きたりすると、生き抜く力は、やはり体なのだと思います。運動の好き・嫌い、上手い・下手、得意・苦手ということに注目したり評価をするのではなく、どのように、どれくらい長く運動に向き合えたかが体を作り、心を育むものなのだと思います。運動習慣とは特別なものなのではなく、私たち人間、とりわけ子ども達

---

[5] 家庭で、家族が揃って食事せず、各自バラバラな時間に食べること。
[6] 「全国体力・運動能力、運動週間等調査」文部科学省が2008年から毎年実施している（2011年度は中止）。全国の中2、小5に対して実施する。種目は、①握力 ②上体起こし ③長座体前屈 ④反復横跳び ⑤20メートルシャトルラン ⑥50メートル走 ⑦立ち幅跳び ⑧ボール投げの8種目で都道府県別に平均値をまとめている。

の体を作り、発達させていくために欠かすことのできないものなのです。運動することを食事や睡眠と同じくらいの意味をもたせて、毎日の生活の中に組み入れていく必要があります。

§2

改訂保育内容・健康を実践する 実践課題Ⅰ

1.「健康」のねらいの意味すること

　「健康」の目標は、「健康な心と体を育て、<u>自ら進んで</u>安全な生活を<u>作り出す</u>力を養う」ことですが、「自ら進んで」、「作り出す」ところに、自立した主体的行動や態度が期待されています。以下の3つのねらいの意味するところを考えてみましょう。

① 明るく伸び伸びと行動し、充実感を味わう。

○「明るく伸び伸び」とはどのようなことでしょうか。

§2 改訂保育内容・健康を実践する 実践課題Ⅰ

② 自分の体を十分に動かし、進んで運動しようとする。

> ○「進んで十分に体を動かす」ためにはどのようなことが大切でしょうか。

③ 健康、安全な生活に必要な習慣や態度を身に付ける。

> ○「生活態度の柔軟さ」や「適応力」のために必要なことはどのようなことでしょうか。

2.「健康」の内容を理解する

次に、「健康」の内容について考えてみましょう。

それぞれの内容には、どのような留意点があるのか、学び深めてください。

① 保育者や友達とふれあい、安定感をもって行動する。

○「安定感」は、どのような生活から得ることができるでしょうか。

② いろいろな遊びの中で十分に体を動かす。

○子どもに必要な「いろいろな遊び」とはどのようなものでしょうか。

§2 改訂保育内容・健康を実践する 実践課題Ⅰ

③ 進んで戸外で遊ぶ。

> ○「戸外で遊ぶ」ことの、体への効果を考えてみましょう。

④ 様々な活動に親しみ、楽しんで取り組む。

> ○「様々な活動」を、保育者はどのように援助していったらよいでしょうか。

⑤ 保育者や友達と食べることを楽しむ。

> **○「保育現場における食育の方法」を具体的に考えてみましょう。**

⑥ 健康な生活のリズムを身に付ける。

> **○「健康な生活習慣」を幼児の生活リズムで考えてみましょう。**

⑦ 身の回りを清潔にし、衣服（類）の着脱、食事、排泄などの生活に必要な活動を自分でする。

○「**基本的生活習慣**」と「**社会生活の関係**」について考えてみましょう。

⑧ 園の生活を知り、自分たちで生活の場を整えながら見通しを持って行動する。

○「**見通しを持った行動**」は、どのような園生活から身につくでしょうか。

⑨ 自分の健康に関心を持ち、病気の予防などに必要な活動を行う。

> ○子どもが「自らの健康に関心を持つ」ための、保育者の援助を考えてみましょう。

⑩ 危険な場所、危険な遊び、災害時などの行動の仕方が分かり、安全に気をつけて行動する。

> ○どのような時に怪我や事故が起きるのかを考えてみましょう。

§2 改訂保育内容・健康を実践する 実践課題Ⅰ

《資料》
資料 1-1 ▶学校教育法第 23 条

> 第二十三条　幼稚園における教育は、前条に規定する目的を実現するため、次に掲げる目標を達成するよう行われるものとする。
> 一　健康、安全で幸福な生活のために必要な基本的な習慣を養い、身体諸機能の調和的発達を図ること。
> 二　集団生活を通じて、喜んでこれに参加する態度を養うとともに家族や身近な人への信頼感を深め、自主、自律及び協同の精神並びに規範意識の芽生えを養うこと。
> 三　身近な社会生活、生命及び自然に対する興味を養い、それらに対する正しい理解と態度及び思考力の芽生えを養うこと。
> 四　日常の会話や、絵本、童話等に親しむことを通じて、言葉の使い方を正しく導くとともに、相手の話を理解しようとする態度を養うこと。
> 五　音楽、身体による表現、造形等に親しむことを通じて、豊かな感性と表現力の芽生えを養うこと。

資料 1-2 ▶教育基本法第 11 条

> （幼児期の教育）
> 第十一条　幼児期の教育は、生涯にわたる人格形成の基礎を培う重要なものであることにかんがみ、国及び地方公共団体は、幼児の健やかな成長に資する良好な環境の整備その他適当な方法によって、その振興に努めなければならない。

《参考文献等》
学校教育法 23 条：学校教育法（抄）第 3 章幼稚園第 23 条（平成 26 年 5 月 30 日法律第 42 号）
文部科学省『幼稚園教育要領解説（平成 20 年 10 月）』フレーベル館（2008）
厚生労働省『保育所保育指針（平成 20 年 3 月告示）』（2008）
内閣府『幼保連携型認定こども園教育・保育要領（平成 27 年 2 月告示）』（2015）
教育基本法第 11 条：平成 18 年 12 月 22 日法律第 120 号幼児期の教育
民秋言ほか『幼稚園教育要領・保育所保育指針の変遷と幼保連携型認定こども園教育・保育要領の成立』萌文書林（2016）
池田裕恵『子どもの元気を取り戻す　保育内容「健康」』杏林書院（2011）
清水将之、相樂真樹子ほか『＜ねらい＞と＜内容＞から学ぶ保育内容・領域　健康』わかば社（2015）

PART 2

今どきの子どもの健康問題と実践課題

§1

子どものからだをつくる今日的課題

1. 実体験不足の子ども達

　現代の子ども達は、日常生活に関わる多くの場面において、実際に身をもって経験する体験が不足しているといわれています。そのため、そのことが子ども達の日常生活に負の影響を与えているのでは、と考えられる事象も起こっています。たとえば、ゲームの中のバーチャル（仮想的・疑似的）なことと実体験が混同してしまい、それがいじめにつながっていると思われるケースや、ゲームのスポーツは上手いのに、自ら体を動かすスポーツは上手にできないというケース、そして子ども達が集まっているのに、それぞれ個別にゲームをやっているケースなどの状況をよく目にします。その他にも、ナイフ等の道具を使うことや、掃除・洗濯など親の手伝いをすることを体験したことのない子どももおり、それらの体験が子どものもつ潜在的な可能性に働き掛けるという観点からも、子どもの将来に影響するのではないか、と危惧されています。

　幼稚園教育要領解説の、「幼稚園教育の基本」の項には、

　　　「幼稚園では、幼児の生活や遊びといった直接的・具体的な体験を通して、人とかかわる力や思考力、感性や表現する力などをはぐくみ、人間として、社会とかかわる人として生きていくための基礎を培うことが大切である」

とあります。

　また、幼稚園教育の基本に関連して重視する事項として、次のようにも記されています。

　　　「自発的な活動としての遊びにおいて、幼児は心身全体を働かせ、様々な体験を通して心身の調和のとれた全体的な発達の基礎を築いていく」

§1　子どものからだをつくる今日的課題

　ここで述べられている「体験」とは、ゲーム等におけるバーチャルな体験を指しているのではないことは明らかです。幼児期は、身体が著しく発育するとともに、運動機能が急速に発達する時期でもあります。この時期に幅広くバランスよく、五官（目・耳・鼻・舌・皮膚）を十分に働かせて五感（視覚・聴覚・嗅覚・味覚・触覚）を研ぎ澄まし、いろいろなことを実際に経験していくことが、心身の調和のとれた発達の基礎を築き、人間として、社会とかかわる人として生きていくための基礎を培っていくのです。現代において、子ども達のそのような体験は極めて不足しているように思われます。

表 2-1 ▶ 各年齢期における子どもの頃の体験（質問項目）

〔自然体験〕 ・海や川で貝を採ったり、魚を釣ったりしたこと ・海や川で泳いだこと ・太陽が昇るところや沈むところを見たこと ・夜空いっぱいに輝く星をゆっくり見たこと ・湧き水や川の水を飲んだこと	〔動植物とのかかわり〕 ・米や野菜などを栽培したこと ・花を育てたこと ・ペットなどの生き物の世話をしたこと ・チョウやトンボ、バッタなどの昆虫をつかまえたこと ・野鳥を見たり、鳴く声を聞いたこと
〔友だちとの遊び〕 ・かくれんぼや缶けりをしたこと ・ままごとやヒーローごっこをしたこと ・すもうやおしくらまんじゅうをしたこと ・友人とケンカしたこと ・弱い者いじめやケンカを注意したり、やめさせたこと	〔地域活動〕 ・近所の小さい子どもと遊んであげたこと ・近所の人に叱られたこと ・バスや電車で体の不自由な人やお年寄りに席をゆずったこと ・祭りに参加したこと ・地域清掃に参加したこと
〔家族行事〕 ・家族の誕生日を祝ったこと ・お墓参りをしたこと ・家族の病気の看病をしたこと ・親戚、友人の家にひとりで宿泊したこと ・家族で家の大掃除をしたこと	〔家事手伝い〕 ・ナイフや包丁で、果物の皮をむいたり、野菜を切ったこと ・家の中の掃除や整頓を手伝ったこと ・ゴミ袋を出したり、捨てたこと ・洗濯をしたり干したりしたこと ・食器をそろえたり、片付けたりしたこと

（国立青少年教育振興機構「子どもの体験活動の実態に関する調査研究（2010）」より）

　独立行政法人国立青少年教育振興機構が平成21年に実施した「子どもの体験活動の実態に関する調査研究」では、幼少期から中学生期までに、**表2-1**のうちどのような体験をしたことがあるかという質問と、**表2-2**のうち、どれが現在の自分に当てはまるかという質問をし、その相関を調べています。そのうち高校2年生の回答結果を見ると、幼少期から中学生期までに**表2-1**のうち、「動植物とのかかわり」、「地域活動」、「家事手伝い」等の体験が豊富な高校生ほど、**表2-2**の「友だちがとても幸せな体験をしたことを知ったら、私までうれしくなる」といった「共生感」、「経験したことのないことには何でもチャレンジしてみたい」といった「意欲・関心」、「けんかをした友だちを仲直りさせることができる」といった「人間関係能力」が高いという傾向がみられました。

表 2-2 ▶ 体験を通して得られる資質・能力（体験の力）

〔自尊感情〕 ・自分のことが好きである ・家族を大切にできる人間だと思う ・学校が好きである ・今、住んでいる町が好きである ・日本が好きである	〔共生感〕 ・休みの日は自然の中で過ごすことが好きである ・動物園や水族館などに行くのが好きである ・悲しい体験をした人の話を聞くとつらくなる ・友だちがとても幸せな体験をしたことを知ったら、私までうれしくなる ・人から無視されている人のことが心配になる
〔意欲・関心〕 ・もっと深く学んでみたいことがある ・なんでも最後までやり遂げたい ・経験したことのないことには何でもチャレンジしてみたい ・分からないことはそのままにしないで調べたい ・いろいろな国に行ってみたい	〔規範意識〕 ・叱るべき時はちゃんと叱れる親が良いと思う ・交通規則など社会のルールは守るべきだと思う ・電車やバスの中で化粧や整髪をしても良いと思う ・電車やバスに乗ったとき、お年寄りや身体の不自由な人には席をゆずろうと思う ・他人をいじめている人がいると、腹が立つ
〔人間関係能力〕 ・人前でも緊張せずに自己紹介ができる ・けんかをした友だちを仲直りさせることができる ・近所の人に挨拶ができる ・初めて会った人とでもすぐに話ができる ・友だちに相談されることがよくある	〔職業意識〕 ・自分にはなりたい職業や、やってみたい仕事がある ・大人になったら仕事をするべきだと思う ・できれば、社会や人のためになる仕事をしたいと思う ・お金が十分にあれば、できれば仕事はやりたくないと思う ・今が楽しければ、それでいいと思う
〔文化的作法・教養〕 ・お盆やお彼岸にはお墓参りに行くべきだと思う ・目上や年下の人と話すときは丁寧な言葉を使うことができる ・ひな祭りや子どもの日、七夕、お月見などの年中行事が楽しみだ ・はしを上手く使うことができる ・日本の昔話を話すことができる	

（国立青少年教育振興機構「子どもの体験活動の実態に関する調査研究(2010)」より）

さらに、成人の回答結果を見ると、子どもの頃の体験が豊富な大人ほど、表 2-2 のうち「文化的作法・教養」「規範意識」「人間関係能力」が高く、やる気や生きがいを持っている人が多い、という傾向がみられています。

このほか、平成 5 年に総理府（現・内閣府）が行った「青少年と家庭に関する世論調査」では、子どもに不足していると思う体験として、図 2-1 のような結果が得られています。

これらのことからも、子どもにとって実際に身をもって経験する体験が重要であり、また、現状ではそれらが不足していることがうかがえます。子ども達のからだをつくる今日的課題としては、家庭、地域と連携しながら、子ども達が幅広くバランスよくさまざまな体験を通して、生きる力の基礎を身に付けていくことがあげられます。そのために、保育者として何ができるのか、考え、実践していくことがますます重要となってきます。

§1 子どものからだをつくる今日的課題

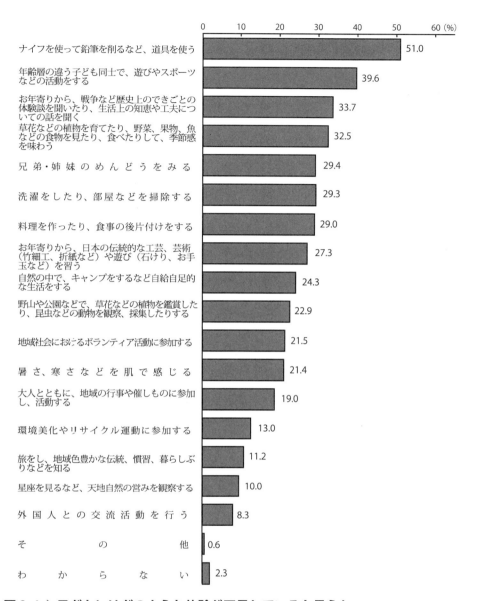

図 2-1 ▶ 子どもにはどのような体験が不足していると思うか
(総理府「青少年と家庭に関する世論調査(2003)」より)

2. 体力・運動能力の二極化[1]傾向の子ども達

近年、子どもの体力・運動能力に二極化の傾向がみられています。この二極化には二つの側面があります。

---

1) 中心となる勢力が二つある傾向のことで、この場合、体力や運動能力の高い子ども達と低い子ども達の傾向がはっきり別れる傾向にあること。また、運動能力のなかでも、高い要素と低い要素の項目にも当てはまる傾向。

一つは、**図 2-2** の新聞記事に見られるような、伸びる能力と低迷する能力における二極化です。子どもの体力は長い間低下傾向にありましたが、平成10年頃からやや回復傾向にあります。なかでも反復横跳び、上体起こし、50m 走等の記録は上昇しています。一方、ボール投げや立ち幅跳び等、特定の筋力より身体の使い方が重視される種目の記録は、低下傾向に歯止めがかかっていません。後者は神経系の働きによるところが大きい種目ですが、前述したように、便利な世の中になり、日常生活の中で細かい動作を行っていないことも関係していると思われます。たとえばボタンの付いていない服、紐ではなくマジック

図 2-2 ▶ 読売新聞の記事　（2015 年 10 月 12 日版より一部修正）

§1 子どものからだをつくる今日的課題

テープで締めるクツ等、指を器用に使わなくなったことの影響が考えられます。

　もう一つの二極化は、運動をしている子どもとそうでない子どもの二極化です。**図 2-3** は、児童（小学生）が体育の授業以外に 1 週間どれくらい運動をしているかを表したグラフです。これを見ると、男子の 6.3%、女子の 13.3% が 1 週間で 60 分未満の運動しかしていないという結果になっています。そして、このうち 46.3%（全体の 2.9%）の男子、37.4%（全体の 5.0%）の女子が 1 週間を通して全く運動していないという状況です（**図 2-4**）。児童の運動習慣には、就学前の生活習慣が大きくかかわっていることが考えられます。

　このような現状を踏まえ、保育者は子ども達が適切な運動習慣を持つことができるよう、サポートしていく必要があります。

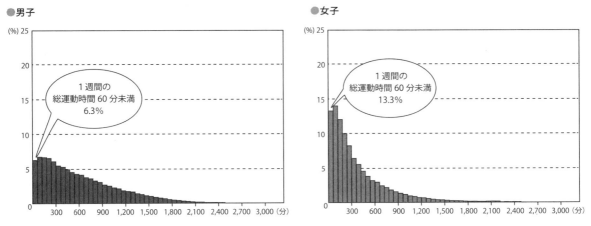

図 2-3 ▶ 小学生の 1 週間の総運動時間分布（保健体育の授業時間を除く）　（文部科学省 2015）

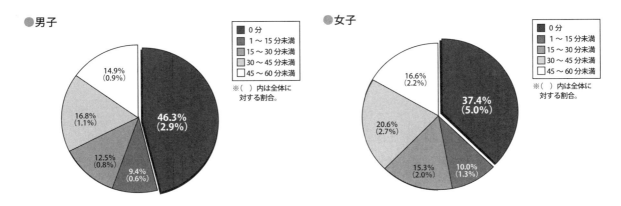

図 2-4 ▶ 1 週間の総運動時間が 60 分未満の児童の運動時間の内訳　（文部科学省 2015）

3. 自然とのふれあい不足の子ども達

現代社会において、私たちは自分の外にある本物の自然（外的自然[2]）と接することが非常に少なくなり、周りを見渡すと人工物にばかり囲まれて生活しています。本来は私たち人間自体が自然の一部であり、自分の内にも一つの自然（内的自然[3]）を持っているはずなのに、私たちは身の回りの自然物、たとえば雑草やハエや蚊などをすぐに排除してしまい、自然との共生等という言葉とは裏腹な生活を送っています。そして、現在では人間がまるで動物園で飼われている動物や、農家で飼育されている家畜と同じような状況に置かれているとさえいわれています。

しかし、私たちの先祖は、長い間外的自然と共に生活し、共存共栄を図ってきました。およそ百五十年以上前までは、まさしく日の出とともに起き、日の入りとともに眠るという生活だったのです。そして、月明りや星明りのない夜は本当に真っ暗闇だったので、獣に襲われはしないかというストレスと向き合いながら生活していたことも想像に難くありません。

現代社会において、私たちは文明の発達という恩恵に浴し、24時間昼夜関係なく活動したり、遠方に短時間で移動したり、インターネットで多くの情報を得たり、さまざまな活動を行うことができるようになりました。しかし、このような便利な社会によって、かつての人間が持ちあわせていた生きる力は大きく低下しているように思われます。このような社会であるからこそ、自然とかかわることの重要性が増しているといえるでしょう。子ども達には自然と触れ合う機会を数多く体験させ、生きる力を育んでいかれるよう、サポートをしていく必要があります。

独立行政法人国立青少年教育振興機構が平成21年に実施した「子どもの体験活動の実態に関する調査研究」（図2-5〜2-7、資料2-1〜2-4（p.64, 65））から、子ども時代（小学校に通う前）の自然体験の実態についてみてみると、子ども達と自然とのふれあい体験が不足している現状がうかがえます。

園においては、季節ごとに様々な行事が計画されていると思われます。宿泊を伴う行事は郊外の大自然に触れ合うことができますが、なかなか実施できないと思いますので、

---

[2] 自分という主体から見た場合、自分の外に広がる自然のことを外的自然と称し、具体的には目に見えたり感じたりすることができる自然であり、天、地、風、雨、山、森、林、川をはじめとしてそこの生きる動植物も含まれる。
[3] 外的自然に対して人間のからだを内的自然という。天地自然と同化して存在する人間のからだを構成している細胞の仕組みは、壮大な宇宙にも匹敵する。

§1 子どものからだをつくる今日的課題

園の周辺において、植物や昆虫など身近な自然と触れ合う機会を積極的に作り、子ども達の感性を豊かにするよう心掛けていきたいものです。

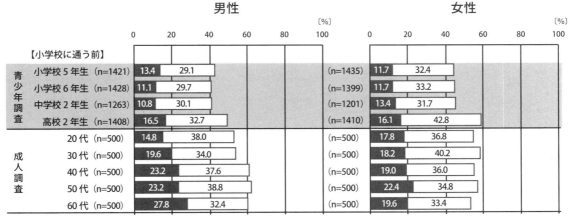

図 2-5 ▶小学校に通う前に海や川で貝を採ったり魚を釣ったりした体験はあるか？
（国立青少年教育振興機構「子どもの体験活動の実態に関する調査研究（2010）」より）

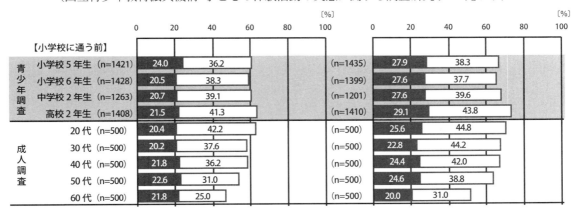

図 2-6 ▶小学校に通う前に海や川で泳いだ体験はあるか？
（国立青少年教育振興機構「子どもの体験活動の実態に関する調査研究（2010）」より）

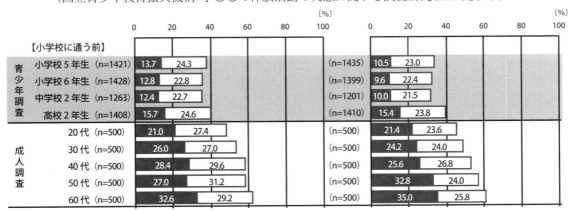

図 2-7 ▶小学校に通う前に太陽が昇るところや沈むところを見た体験はあるか？
（国立青少年教育振興機構「子どもの体験活動の実態に関する調査研究（2010）」より）

（※ ■：何度もある、□：少しある）

4. 生活リズムと食事が乱れる子ども達

　私たち人間の生体には、ホルモン、体温のリズム、睡眠・覚醒、食事、排泄のリズムがあると考えられています。リズムとは「流れる」という意味の動詞を語源としており、音楽や文芸の領域でよく使われる言葉ですが、ここでは物事が規則的にくり返される時の、強弱・明暗・遅速などの周期的な動きを示します。そして、これらのリズムは相互に関連し合い、全体の生活リズムが形成されていきます。

　一日の生活リズムをみていくと、24時間の生活は睡眠と覚醒に大きく分けられ、睡眠が生活リズムの形成に大きくかかわっています。早寝早起きによって、朝気持ちよく目覚め、朝食をしっかり摂ることにより、胃と腸の働きが活発になり排便もすませることができます。そして園での生活にもよい影響が及ぼされます。この、睡眠と覚醒にはメラトニンがかかわっています。メラトニンは"眠りのホルモン"とよばれ、その分泌には、光、運動、食事のタイミング、さらに温度や湿度などが影響していると考えられています。

　また人間は、生体内のリズム（サーカディアン・リズム[4]）をつくる体内時計をもっていますが、この体内時計によって、上述したリズムなどが制御されています。体内時計の周期は、地球周期の24時間ではなく、およそ25時間であるといわれていますが、この1時間のずれを24時間にリセット（同調）するために大きな役割を果たすのが「朝の光」「朝食」「生活環境」の3つの同調因子です。中でも、起床してすぐに「朝の光」、すなわち太陽の光を浴びることは、1日の生活リズムを整えるうえで非常に重要な生活習慣となります。そしてそのことによって、副交感神経[5]から交感神経[6]へ働きが切り替わり、体温も上昇し、日中の活動に適応できるようになります。日中の活動によって血糖値が下がり、食欲も旺盛になるため、昼食、おやつ、夕食をある程度決まった時間に食べることが、食事のリズムの形成につながります。

　このように、生体のリズムはそれぞれが密接に関連しており、また、私たちの日頃の生活習慣により、良いリズムにも悪いリズムにもなっていくのです。園での生活に問題がある子どもは、サーカディアン・リズムが乱れている場合が少なくありません。現代

[4) おおよそ一日を単位とする周期で昼夜のリズムを作る。概日リズム（サーカディアン・リズム）といわれ、本来の生活時計は25時間周期といわれているが、日常生活では24時間の中で生活をしているので、時間のズレを調節するためには朝日を手がかりに、外界の24時間リズムに同調して調整していく必要がある。

5)、6) 自律神経下の神経系で、交感神経は主に心拍数や血圧を上げ、体を活動的な状態にする。副交感神経は交感神経に拮抗するように働き、体の緊張を解き、休息するように働く。自律神経はこのバランスを保ちながら体をコントロールしている。

の子ども達の生活リズムの現状を見てみると、核家族化が進んでいることや夫婦共働き家庭が増えていることなど、子ども達を取り巻く家庭環境の変化から大きな影響を受けています。深夜まで営業している店舗を訪れる家族も多く、食事の時間が遅くなり子どもが夜遅くまで多量の光を浴びているケースもみられます。大人の生活スタイルに合わせて行動している子ども達は、当然のことながら就寝時間が遅くなります。就寝時間が遅くなっても、子どもは登園時間に間に合うように起床しなければならないため、睡眠不足となってしまいます。**図 2-8**、**図 2-9** は 2 歳半の幼児の起床時刻と就寝時刻、睡眠時間を表しています。平成 15 年と平成 24 年で比較していますが、平成 18 年度からは、文部科学省が推進している「子どもの生活リズム向上プロジェクト」[7]による効果もあると考えられ、起床時刻、就寝時刻とも早くなっている傾向がうかがえます。日常的な睡眠不足は慢性的な疲労を招き、意欲の低下や情緒の不安定さを引き起こすだけでなく、朝食を抜いたり排便をしなかったりなど基本的生活習慣の乱れが生じ、子どもの健全な成長に支障をきたすことにつながります。子ども達には、20 時就寝、6 時起床を習慣づけさせたいものです。

このような、起床時間、就寝時間に関する問題に加え、近年ではメディアや通信機器等

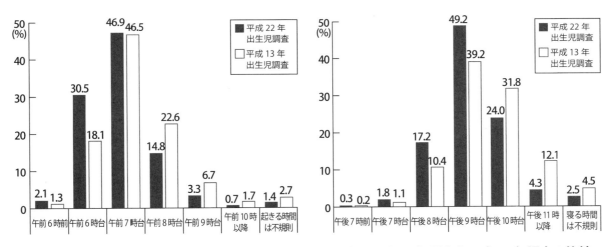

図 2-8 ▶ 幼児（2 歳半）の起床時刻（左図）と就寝時刻（右図）の平成 15 年調査と平成 24 年調査の比較
（厚生労働省 2015）

---

7) 文部科学省が平成 18 年度の主要事項の中に組み込んだ事業で、家庭の教育力低下が指摘された中で地域ぐるみで、子どもの望ましい基本的な生活習慣を育成、生活リズム向上を図る取り組みを支援、推進していくというもの。

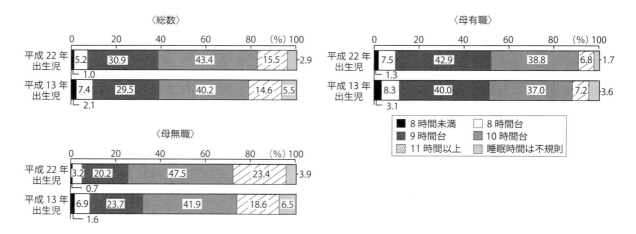

図 2-9 ▶ 母親の就業の有無別、幼児（2 歳半）の睡眠時間の平成 15 年調査と平成 24 年調査の比較
（厚生労働省 2015）

への対応など、新しい問題も出てきました。**図 2-10、図 2-11** は子どもとメディアとの接触に関わるデータです。これを見ると、およそ 3 割の幼児が毎日 2 時間以上、テレビや DVD を視聴しています。また、スマートフォンやタブレットは、親の利用時間が長いほど子どもの利用時間も長くなる傾向がみられています。小西は『子どもの脳によくないこと』（2011）において、テレビや DVD を視聴することの問題は、視力低下やてんかん発作などの「健康的被害」と、言語の遅れや情緒の欠如などの「情緒的被害」の 2 点であり、このうち「情緒的被害」が近年問題になっていると述べています。そして、テレビ漬けや DVD 漬けになっている子どもは、言語の発達や発語が遅れたり、目線を合わせなかったり、情緒が希薄であったりなどの傾向があるといいます。

スマートフォンやタブレットについては、東北大学加齢医学研究所所長の川島（2017）が興味深い研究を行っています。川島は 2013 年から仙台市の小・中・高校生約 7 万人を対象に実施している「仙台市標準学力検査」と「仙台市生活・学習状況調査」で、1 日 1 時間以上スマートフォン（タブレット含む）を使うと子どもの学力が下がるという結果が出ていると報告しています。川島は学力を下げる原因として、スマートフォン使用による睡眠不足と学習時間の減少を推測しましたが、きちんと寝ている子どもも、毎日 2 時間以上自宅学習している子どもも、スマートフォンを使用する時間が長くなれば長くなるほど成績が下がっており、睡眠時間や学習時間とは関係なく学力が下がるとの結果を得ています。また、使用をやめると成績は上がる傾向がみられるものの、長時間使用が習慣化（依存）していた子どもは回復に時間がかかるとも述べています。

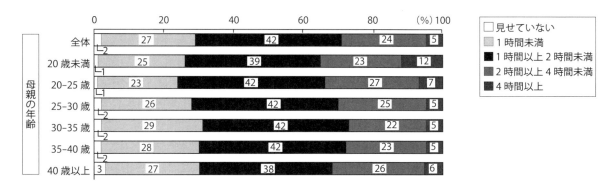

図 2-10 ▶母親の年齢別、幼児（2歳）にテレビやDVDなどを見せている時間　（環境省 2014）

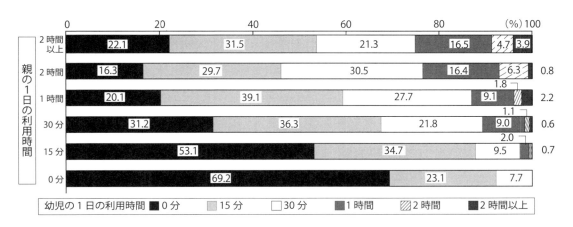

図 2-11 ▶スマートフォン・タブレットの親の利用時間と幼児（1〜6歳）の利用時間の関係
（NPO法人 e−Lunch「親と子どものスマートフォン・タブレット利用調査」2014）

　このようにスマートフォンの使用によって学力が下がるという因果関係ははっきりしていますが、なぜ使用によって成績が下がるのか、その理由はまだ解明できていないようです。しかし、スマートフォンの使用によって、脳の前頭前野[8]の血流量が下がることは明らかになっています。川島はスマートフォンの使用について、現在の状況は子どもにお酒を飲ませているようなものであると指摘し、その中毒性やリスクを子どもに教え、20歳を過ぎてから持たせるようにした方がいいのではないかと述べています。

　以上のような知見は、広告主との関係性上あまり日の目を見ることはありません。しかしこれからの時代では、避けて通ることのできない問題になっていくことと思われます。

　乳幼児期は、家族をはじめとする大人の生活スタイルの影響を強く受ける時期です。近

---

[8] 思考や創造性を担う脳の最高中枢であり、記憶する、学習する、行動を抑制する、物事を予測する、コミュニケーションを円滑にするなど、人間ならではの働きを司っている部分。

年では核家族化がすすみ、"しつけ"に対する親の考え方も多様化しており、望ましい生活習慣の形成における、保育所・幼稚園の担う役割は重要なものとなっています。保育者は、保護者（家庭）との連携を密にしながら、各家庭の事情も理解した上で、その子どもにとって望ましい生活とは何かを保育所や幼稚園での生活に限らず、その子どもの家庭での生活までも視野に入れて、具体的に示していく必要があるといえるでしょう。

食事の乱れは、ここまで述べた生活のリズムと大きくかかわってきます。平成17年に食育基本法が制定されて以来、さまざまな場面で食事の大切さが述べられていますが、現代社会の特徴ともいえる多くの情報に振り回され、混乱もあるように思われます。

そもそも食事というものは、衣食住の中で最も大切なものであり、食べなければすべての動物は生きていくことができません。健康で長生きをしたいというのは私たちの願望であると思いますが、それを実現するために、何を、どのように食べるのか、適切な食生活はどのようなものであるのかといったことについて考え、子どもと実践していくことが大切です。そのためにはまず、"食べることをないがしろにしない"という意識を伝えていくことが必要です。

近年、人々の食に対する意識、感覚は大きく変わってきました。それは、子どもに限ったことではなく、かつてはあまり聞いたことのなかった言動を耳にしたり、目にしたりするようになってきました。たとえば、白いご飯は味がしないから嫌い、炊き立てのご飯の匂いで気持ち悪くなる、歩きながらものを食べる、電車のロングシートや地べたに座ってものを食べる、学食のトイレの個室で一人ランチを食べる、などです。また、一人暮らしの学生や社会人の中には食器はおろか、箸を持っていない人もいます。いわゆる中食（なかしょく）[9]で、容器や袋に入った食品を、「買ってくる（箸が添付）⇒食べる⇒捨てる」で食事が成り立っているため、食器も箸も持っている必要がないのです。また、学校や幼稚園・保育園において子どもに「いただきます」を教えると、保護者から「給食費を払っているのに、なぜ"いただきます"と言わせるんだ」

---

9) 店で買って持ち帰り、すぐ食べられる調理済みの食品。外食に対していう。

「手を合わせるのは宗教か？」とクレームが来た、という話も聞きます。

このような時代に、子ども達に食事の大切さを伝えていくことは容易なことではありませんが、保育者は家庭と連携し、その役割を担っていかなくてはなりません。幼児期に適切な食生活を習慣づけることは、子ども達のその後の人生に大きな影響を及ぼします。根気をもって取り組んでいくことが大切になりますが、ここではいくつか、そのためのポイントをあげておきます。

まず1つ目は、子どもが規則正しい食生活を送れるようにしていくことです。子どもの生活時間や生活リズムは大人に影響されており、そのことは食事のリズムにも現れ、朝食抜きの子どもが目立つようになってきました。1日3食を必ず摂らなければならないという決まりはありませんが、子ども達が規則正しい食習慣を持つことができるよう工夫していくことはとても重要なことです。いつでもお腹がすいた時に食べるというのでは、野生動物と同じになってしまいます。やはり生活のリズムという観点から、1日3食摂るというのは適切な食習慣の一つであると考えられます。しかし、1日3食摂ること自体が目的ではありません。もし1日3食をしっかりと摂取していない、または、摂取できていない子どもがいた場合、なぜそのような状況になっているのかが問題なのです。たとえば、朝食を摂らないのは眠いからなのか、お腹がすかないからなのか。そして、その原因は、夜

コラム ②

筆者（山里）は、現在小学生を対象に、野球やスキーなどのスポーツの指導を行っており、年に数回合宿形式で子ども達と生活を共にする機会がありますが、子ども達の食事の摂り方を見て愕然とすることがあります。挨拶はみんなで揃って行いますので家庭での実態はわかりませんが、お箸をキチンと持てないことに始まり、体が横を向いた状態で椅子に腰かけて食べている子ども、左手はテーブルの下におろし、右手のみで食べている子ども、食事中に平気でどこかに行ってしまう子ども、食事が終わっても椅子を元に戻さない子どもなど、食事のマナーを家庭で教えていないのかと驚くことがしばしばです。ちなみに、お箸をキチンと持てない子どもは、鉛筆も正しい持ち方ができません。これは、パソコンの普及で文字を書かなくなったことが大きな原因だと思いますが、大学生でも非常に多いと感じています。大人が子どもの前で恥をかかないよう、これらのことは日頃から身に付けておくことを心がけてください。

ふかしをしているからなのか、家庭の生活リズムに問題があるからなのか。昼食時にお腹がすかないのは、朝食を食べ過ぎたからなのか、活動量が足りないからなのかなど、原因を考え、子どもにとって望ましい食習慣と生活リズムが確立されていくよう手助けをしていくことが大切なのです。

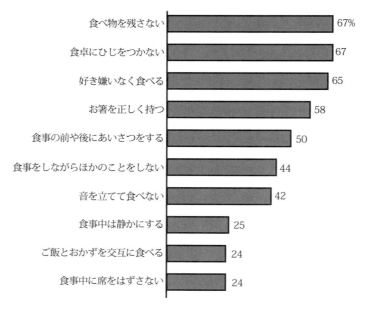

図 2-12 A ▶「小学生の頃、食事の際に親から守るように言われていたこと」
(「ＮＨＫ食生活に関する世論調査」2006)

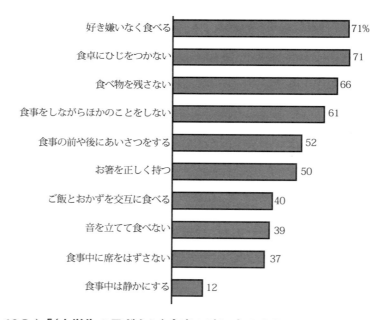

図 2-12 B ▶「（小学生の子どもに）食事の時に守るように言っていること」
(「ＮＨＫ食生活に関する世論調査」2006)

2つ目は食事を通して、子どもが身に付けるべきマナーやエチケットについて伝えていくということです。私たちは1日に3食を摂取する場合、1年間で1,000回以上の食事を摂取することになります。かつては、そのほとんどを家族揃って食べていましたが、現在では1,000回のうち、何回家族で食卓を囲んでいるでしょうか。数十年前まではコンビニエンスストアもなく、外食産業も現在ほど発達していませんでした。つまり「食事＝家族揃って食べる」ということがあたりまえであり、その時間に両親あるいは祖父母から、「いただきます」や「ごちそうさま」のあいさつやお箸の使い方など、食事に関するしつけがなされたり、人生訓のような話を聞かされたり、子どもが学校で起こったことを話したりしていました。しかし、現在ではそのような機会が少なくなり、保育者がその役割を担うことも必要になってきています。

図2-12はNHKの食生活に関する世論調査（2006）で、16歳以上の男女に対して行った「小学生の頃、食事の際に親から守るように言われていたことは？」という質問と、小学生の子どもがいる人に、「食事の時に守るように言っていることは？」という質問に対する回答です。これらを見ると、食事のしつけはそれほど厳しくなされていないように思われます。このような現状を踏まえると、保育者の役割はますます重要なものになってきます。保育者は家庭と連携し、「いただきます」の意味やお箸の持ち方など、食事の時間を利用して子どもにさまざまなことを伝えていく必要があります。

3つ目は、子ども達が、自分は何を食べているのか、口にしているものがどんな材料を用いて、どんな工程で作られているのかを意識できるよう工夫していくということです。鮭の切り身がそのまま海を泳いでいると思っていたり、肉が加工される過程を知らなかったりする子どもがいます。食卓に食べ物が並ぶまでに農業、漁業、運送業等で働く多くの人たちがかかわり、苦労しているということや、他の生物の命をいただいていることを知れば、自ずと「いただきます」や「ごちそうさま」の言葉が口をついてくることでしょう。そのためには、自分たちで食材を育て、自分たちで作ってみるということがとても重要になってきます。以上のようなポイントを押さえた上で、園での活動を通して、子ども達が適切な生活リズム、食習慣を身に付けられるよう、考えて実践していきましょう。

5. 運動不足の子ども達

ここでは、子どもの運動不足の実態についてみていきます。私たちの活動の状況を表す

目安として手軽に用いられる指標に、歩数があります。しかし、歩数調査は小学生以上を対象にしたものは比較的多くみられますが、幼児を対象にした調査はそれほど多くはありません。

花王株式会社ヒューマンヘルスケア研究センターでは、2009年から2011年にかけて、歩き始めから2〜3歳までの幼児を含めた子どもの歩数調査を行っています。この調査では、幼児の歩行実態だけでなく、家族との生活シーンにおいて子どもの歩数がどのように影響されるかなどについても調べています。その結果を見ると、子どもの歩数は個人差が大きいものの、1歳児では平均約7,500歩、2〜3歳児では平均が8,000〜11,000歩となっています（**図2-13**）。またあわせて、親子が一緒の時に歩数計をつけてもらい、子どもの歩数に保育者（家族）の影響があるかどうかを調べています。その結果、1日中家族と一緒に行動した場合、幼児の歩数が家族の中で最も多くなる傾向がみられ、幼児の歩数は通常の1.5〜2倍以上になっていました（**図2-14**）。このことは、両親をはじめ保育者の活動量が子どもの活動量に影響するということを示唆しているといえます。

前橋（2006）は、幼児の平均1日歩数（午前9時から午後4時の歩数）について、1985〜87年頃は約1万2,000歩であったものが、1991〜93年頃には7,000〜8,000歩、1998年以降はかつての半分以下の5,000歩台になっていると述べています。そしてこのことは、幼稚園や保育所での子ども達の過ごし方が変化しているからであると指摘しています。そ

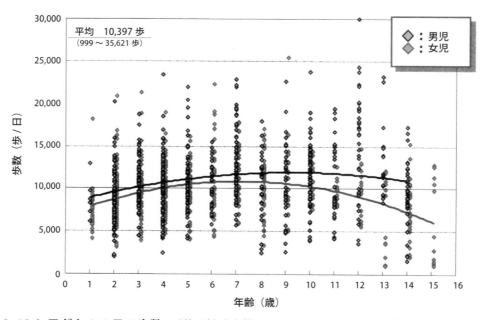

図2-13 ▶子どもの1日の歩数　（花王株式会社ヒューマンヘルスケア研究センター 2011）

§1　子どものからだをつくる今日的課題

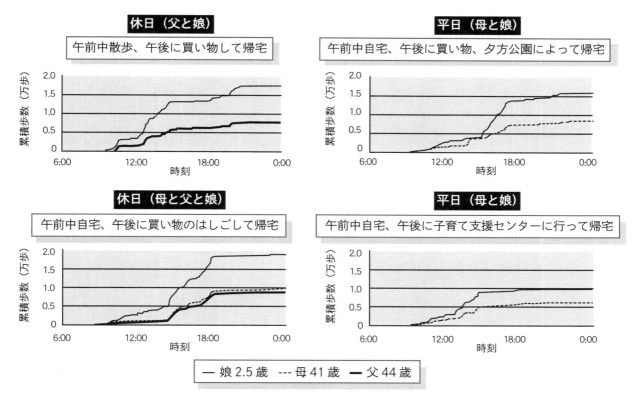

図 2-14 ▶家族と過ごした時の歩数の実態例
（花王株式会社ヒューマンヘルスケア研究センター 2011 より筆者作成）

の変化の具体例として、園外で遊ばせる時間が減っていること、保育者が多忙になり、子どもと一緒に遊ぶ余裕がなくなっていること、かつては、子どもが外を走りまわっていたはずの午後 3 時以降の時間帯を、部屋の中でテレビや DVD を見る時間に当てている園が少なくないこと、異年齢集団による群れ遊びの習慣が少なくなり、子ども達自身が「遊び方」を身につけられていないこと等をあげています。そして、子どもの活動量については、遊び道具を用意して園庭で遊ばせると 2 時間で約 3,000 歩に達し、しかも、そこに先生が加わっていっしょに遊ぶと、活動量が倍増することも述べています。また、前橋（2001）の幼児の歩数に関する調査では、子ども達の 2 時間の外遊び中の歩数が、**表 2-3** のような数値であったと報告されていますが、ここでも保育者が関わることにより、子どもの歩数が増えています。

　幼児の歩数について、これらの調査結果に多少の違いは見られるものの、概ね減少傾向にあることは間違いありません。そして、ここで大切なことは、子どもの活動量の増減は、保育者（両親含む）によって変わってくるということです。家庭では保護者が、園では保育者が活動的であれば、子どもも活動的になるということです。

近年、よく見られる光景に、子どもをベビーカーに乗せてショッピング等を楽しんでいる家族の姿があります。ベビーカーを利用することに異論はありませんが、問題は、すでに歩ける年齢の子どもをベビーカーに乗せている場合です。これは、保護者が子どもの手を引いてショッピングをするよりも楽であるからだと想像できます。

表 2-3 ▶ 幼児の戸外遊び時の平均歩数

▶戸外自由あそび（午前9時〜11時）
　　⇒5歳男児　3,387歩、5才女児　2,965歩
　　⇒4歳男児　4,508歩、4才女児　3,925歩
▶土手すべり
　　⇒5歳男児　5,959歩、5才女児　4,935歩
　　⇒4歳男児　4,933歩、4才女児　4,114歩
▶保育者が一緒にあそぶと・・・（戸外あそび）
　　⇒5歳男児　6,488歩、5才女児　5,410歩
　　⇒4歳男児　5,323歩、4才女児　4,437歩

（前橋 2001）

子どもに常に目を光らせつつ買い物をするのは大変だとは思いますが、ベビーカーに乗せてしまうことで子どもが歩く貴重な機会を奪っているという認識を持つ必要があります。同じように、園においても、子どもが運動する機会を、保育者の都合で奪ってしまってはいけません。子どもの運動不足には、子どもの周りにいる大人の影響が非常に大きいという認識をもって、保育活動に従事することが大切であるといえます。

コラム ③

数年前のことですが、筆者（山里）が何気なくテレビを見ていた時、びっくりする内容に遭遇しました。それはニュース番組の一部で、地方の放送局から、その地域のトピックスを紹介するコーナーだったのですが、そこにあるスポーツクラブが出てきました。レポーターが視聴者に向かって、「このスポーツクラブでは（幼稚園年長くらいから小学校の低学年の：筆者注）子ども達にあることを教えているのですが、いったいなんでしょう？」と質問しました。縄跳びかな？ジョギングかな？などと思いながら見ていたのですが、答えは、なんと「歩き方」でした。

スポーツクラブの建物内にある走路を黙々と歩く子ども達に、インストラクターが歩き方を指導していました。地方は公共交通機関の便が少ないので、通園や通学は園や学校のバス、家族の送迎によるところが大きく、また、交通事故や犯罪に巻き込まれないようにという安全性の観点からも、子どもが長い距離を歩いて通学するということが難しくなっています。それゆえ仕方のないことかとは思いますが、今や子ども達の運動環境はこのような状態になっているのです。

§2

子どもの生活と健康を育む実践活動
実践課題Ⅱ

　今どきの子どもの健康に関する問題と課題に対して、どのようなことができるのか、子ども達の成長過程に対しての実践活動や、保育現場で行える活動、また、活動空間の確保や援助する保育者の人的環境の整備も考えながら、子どもの生活と健康を守り、育む生活づくりを考えてみましょう。

1. 子どもの体力・運動能力二極化傾向に対する実践課題

　生涯を通して運動することや、スポーツ活動などで体を動かす習慣は、子どもの頃から運動への関わりが積極的であったり、運動経験が多い人が身につきやすいということが、調査報告からも認められています。そしてまた、運動の好き嫌いが芽生えやすいのは小学校以降であることも報告されており、できるできないの結果が評価に結びついてしまう体育活動などは、運動種目の好き嫌いを生んでしまう要因になっているとも考えられます。

　図2-15は、運動能力・体力の発達パターン[10]を表したものですが、動作を習得していく年代は、幼児期から7歳位をピークに発達量が高まっていることが分かります。粘り強さ、筋力はその後12〜15歳くらいをピークにに高まっていきます。つまり、就学前の幼児期にはいろいろな身体活動をたくさん行うことが望ましいということがわかります。最近では、このグラフのそれぞれのアーチの頂点がさらに早期にシフトしてきており、神

---

10) 運動能力や体力はいつ発達するかについて宮下（1980）は、実験を用いて神経系（動作の習得）、身長、ねばり強さ、心肺機能、筋肉骨格から力強さなどを発達の年齢推移について表した。幼児期にあっては、特に0歳から7、8歳にかけて神経系の発達が著しいことから、いろいろな運動経験が推奨されるとしている。

経系のピークは6歳以前になっているという報告も出てきました。このようなことからも、ますます幼児期での運動経験が必要となっており、偏りを持たない、いろいろな運動経験をさせてあげることが重要です。

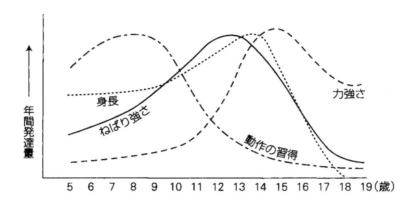

図 2-15 ▶ 運動能力や体力はいつ発達するのか　（宮下 1980）

〈子どもの運動を考える〉　例1

図 2-16 は、中村（山梨大学、2011）が示した「幼児期に習得しておきたい 36 の基本的な動き」ですが、これらの動きが遊びの中で行われることが大切で、体育活動ということではなく運動遊びの中で展開されていくことが望まれます。

〈子どもの運動を考える〉　例2

文部科学省が策定している幼児期運動指針[11]では、幼児はさまざまな運動遊びを中心に、毎日合計 60 分以上楽しく体を動かすことを推奨しています。特に、発達の特性に合わせて、多様な動きを取り入れ、体全体をバランスよく使い、生涯にわたって運動（スポーツ）を楽しむための基礎を培うようにしていくことが大切です。図 2-17 は幼児期運動指針による年齢ごとに経験しておきたい運動の例です。

---

11) 2012 年に文部科学省が策定したもので、幼児期に体を動かして遊び、運動することの重要性を指摘し、子ども達が少なくとも1日60分以上、運動することを進めたものである。

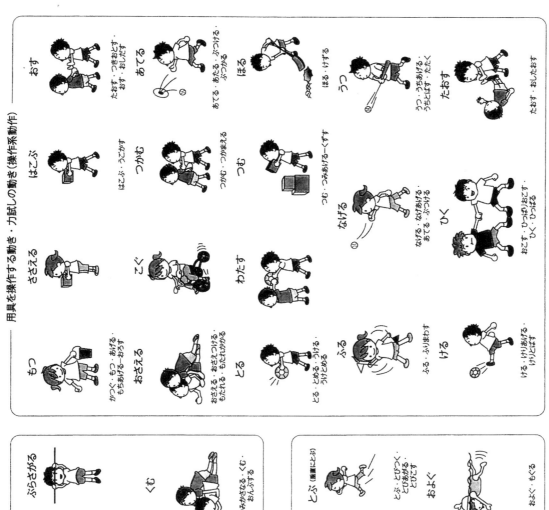

図 2-16 ▶ 幼児期に習得しておきたい「36 の基本的な動き」（中村 2011）

§2 子どもの生活と健康を育む実践活動 実践課題Ⅱ

図 2-17 ▶年齢ごとに経験しておきたい運動例 （文部科学省 2013）

〈子どもの運動を考える〉 例3

　就園前の乳幼児の時期から運動遊びは可能で、1人で遊ぶことから友達と一緒に遊べるようになると、大きな遊具や小さな遊具も使って身体活動の質は高くなっていきます。**写真 2-1、2-2**は、2〜3歳の子どもの運動遊びの様子ですが、お気に入りの運動を何度も繰り返して、サーキット運動[12]やアスレチック運動のようにダイナミックな運動へと広がっていきます。

---

12) 予め決めた一連の運動を繰り返すことによって、基礎体力の養成をはかる練習を基にしたもので、向上させたい運動能力を目指した運動種目を各所に配置した循環遊びである。

写真 2-1 ▶ ターザン遊び

写真 2-2 ▶ 親子遊び

○幼児期に獲得が必要な運動能力について考えてみましょう。

○幼児のサーキット運動のレイアウトを考えてみましょう。

2. 保育現場でできる子どもの運動能力向上活動と実践課題

　ここでは、筆者らが神奈川県平塚市にある8つの幼稚園で研究グループを作り、保育現場で子ども達の運動能力を向上させうる運動を提供し、そこで得た研究結果を基に、保育現場で行う身体活動の効果について考えてみます。

　本研究を行った、保育者で構成された運動遊び研究グループは、「年齢に応じた運動遊びに対する保育者の関わり」をテーマに、運動遊びをどのようにして保育の中に生かすかについて2年間に亘って研究を試みました。ここでは、運動遊びの目的を子ども達の体力や運動能力の向上においたので、初めに、子ども達の運動能力として、25メートル走、テニスボール投げ、立ち幅跳びの計測を行いました。この計測の結果から、8つの幼稚園のうち最も運動能力の高かった園とそれ以外の園に分類し、最も運動能力の高かった園で日常行われている運動遊びを他の7つの園に取り入れて、その運動遊びを5カ月間実施してもらいました。

　表2-4は、運動能力が低かったH園の1回目の運動能力テスト（5月）と2回目の運動能力テスト（10月）の結果です。この結果をみると、5カ月間の運動遊びによって、測定値は大きく伸びていることがわかります。比較的運動能力の低かった他の6園も同様の結果であり、取り入れた運動の効果がよく現れていました。この結果は25メートル走のものですが、記録が上がると、子ども達から「先生、速くなった？」「もう一回走っていい？」と運動に対して積極的な関わりを示唆した行動が多く見られたということでした。

　近年、全国の幼稚園では、体育活動指導専門の、外部から来る先生によって、毎月あるいは毎週専門指導を受けているところが多くなり、その割合は60％に達しているという報告もあります。しかし今回の調査のように、外部からの指導者ではなく、保育者が毎日の運動遊びに積極的に関わっている園の方が子どもの運動能力が高かったという報告

もあり、保育現場おいて、室内で行う園活動だけでなく運動遊びも日々の保育者とともにあることが望ましいことであるといえます。日々の園での活動とともに、積極的な運動遊びへの関わり方によって、子ども達の運動能力向上が望まれます。

表 2-4 ▶ 幼稚園園児の 25m 走における 5 月と 10 月の記録（平均値）の変化

年齢	月齢	記録（秒）5 月⇒10 月	年齢	月齢	記録（秒）5 月⇒10 月	加えた遊び
3 歳（男）	前半	10.01⇒××	3 歳（女）	前半	9.91⇒××	跳び箱・平均台ステップ（鬼ごっこ等）
	後半	9.06⇒7.72		後半	9.53⇒7.25	
4 歳（男）	前半	8.38⇒6.84	4 歳（女）	前半	9.93⇒6.69	跳び箱・平均台ステップ（鬼ごっこ等）
	後半	8.05⇒6.94		後半	7.98⇒6.65	
5 歳（男）	前半	7.54⇒6.60	5 歳（女）	前半	7.71⇒6.40	跳び箱・平均台ステップ（サッカー等）
	後半	6.80⇒5.40		後半	7.48⇒6.10	
6 歳（男）	前半	6.52⇒5.70	6 歳（女）	前半	××⇒5.80	
	後半	××		後半	××	

（村上 2009）　　　　　　　　　　　　　　　　　　　　　　　　　　　※××は未計測

○なぜ体育指導専門指導員より保育者が関わる身体活動に効果があるのか考えてみましょう。

§2 子どもの生活と健康を育む実践活動 実践課題Ⅱ

4. 子どもの遊びを広げる地域の遊び環境づくり（プレイパーク[13]の広がり）と実践課題

　子ども達の遊び空間は、1960年代の高度経済成長とともに急激に縮小してしまいました。都市整備の開発政策に拍車がかかり、遊び場の宝庫であった道路や原っぱのような、子ども達が群れて遊べる場所がどんどんなくなって、さらに、テレビの出現は子ども達を家の中に向かわせました。また、その後のテレビゲームの流行は、家の中での遊びを助長させていったのです。現代ではゲーム機の氾濫ともいえる様相を呈しており、それは、まるで実際の行動をしているかのように遊びも運動も疑似体験[14]で終わるような世の中になっています。仙田満（放送大学教授/環境建築家）は、著書『子どもと遊び』(1992)の中で、子どもの遊び環境の変化について言及していますが、戸外の遊び空間としての自然、オープン、道、アナーキー、アジト、遊具という6つの分類からなる子ども達の遊び空間が無くなっているというものでした。遊び環境とは、空間、時間、集団、方法という4つの要素から構成されているといわれていますが、仙田は、子どもの生育空間としての遊び空間によって5つの能力を開発するといっています。それは、①体力や運動能力である「身体性の開発」、②人間関係を育む「社会性の開発」、③自然遊びを通して感受性や情緒性を育む「感性の開発」、④繰り返される遊びの中から新たな発見や発明がもたらされる「創造性の開発」、そして、⑤意欲や主体性を育む「挑戦性の開発」です。子ども達の遊び空間の整備は、国家戦略として考えなければならないものとして問題視されているにもかかわらず、厚生労働省や文部科学省の一部の省に丸投げされています。各都道府県、市町村で具

---

13) 1943年にデンマーク（コペンハーゲン）の市郊外につくられた「エンドラップ廃材遊び場」が世界初のプレイパークで、造園家ソーレンセン教授が、こぎれいな遊び場よりガラクタの転がっている空き地や資材置き場で子ども達が大喜びで遊んでいる姿を観察し続けて、「廃材置き場」を提案したもの。日本では、世田谷区の羽根木プレイパークが初めてのもの。自己責任とプレイリーダーのリードの元で、子ども達が自由に遊ぶ遊び場である。
14) 実際の体験ではないが、本物とよく似ている体験のこと。

体的な対応を始めても、そこに国の経済的支援がほとんどないのが現状といえます。国の経済的整備を待っている時間と、この先の日本社会を担う子ども達の生育時間とに大きなギャップを感じえません。

　保育現場で考えられる子ども達の遊び環境の整備もさることながら、今、地域で子ども達の遊び空間を復活させようという活動が始められています。1943年、デンマーク、コペンハーゲン市郊外につくられた「エンドラップ廃材遊び場」が、世界初の「プレイパーク」です。第二次大戦のさなかでありながらも、本来の子ども達の遊ぶ姿を見て作り上げられたものです。やがて、冒険遊び場は各国に広がり、日本では1979年、世田谷区の羽根木公園にプレイパークが第1号として開園しました。多くのボランティアの熱意と努力でプレイパークは全国に広がりつつあります。プレイパークは「自分の責任で自由に遊ぶ」ことを旨として、特別の決め事以外は禁止事項がありません。また、自己責任の中で遊びは展開されていますが、プレイリーダーや世話役の大人たちが子ども達の遊びを見守っています。**写真 2-4**は神奈川県川崎市のプレイパークの1つで、**図 2-18**は横浜市内にある各プレイパークの所在図です。このプレイパーク活動は日本全国で広がりを見せています。

写真 2-4 ▶川崎市のプレイパーク

§2 子どもの生活と健康を育む実践活動　実践課題Ⅱ

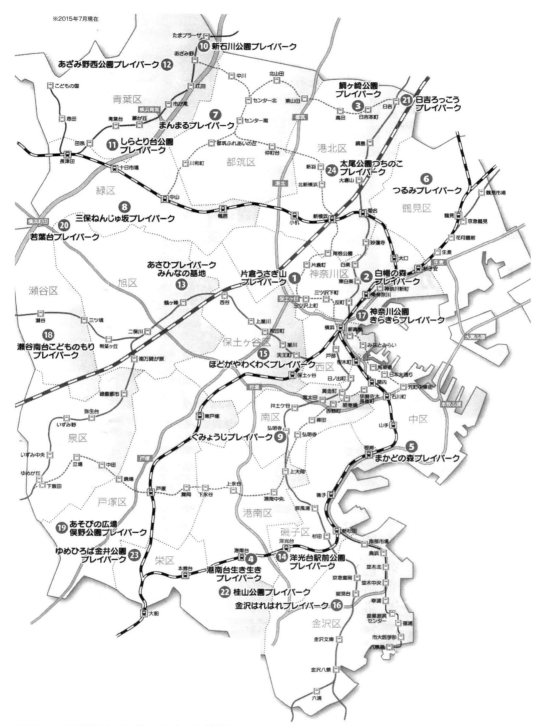

図 2-18 ▶横浜市のプレイパーク地図
　　　（横浜にプレイパークを創ろうネットワーク　パンフレットより）

○子どもの成育と遊び空間との関わりについて考えてみましょう。

○保育者として子どもの遊び空間を考えてみましょう。

5. 保育者の体力向上と人的環境整備の実践課題

　これまで主に子どもの体力について述べてきましたが、ここでは、その子どもの健康を担う立場にある保育者の体力についてみていきます。

　「幼稚園教育要領」の第1節、「幼稚園教育」の基本の項には、幼稚園教育は「環境を通して行う教育が基本となる」と記されています。またその特質として、「教師自身も環境の一部である」とも記されています。いうまでもなく、保育者は子どもにとって、生涯において初めてかかわる先生であり、その影響は計り知れないものがあります。幼稚園、保育園、小学校は、中学校や高校のように教科担当者が授業を行うわけではなく、担任教師、保育者が全人教育を行っていくわけですから、なおさらです。このことからも、保育者が子ど

§2 子どもの生活と健康を育む実践活動　実践課題Ⅱ

も達の生涯にわたる健康生活の基礎作りに深くかかわっているといえるでしょう。

§2の2でも述べたように、近年では多くの幼稚園や保育園で、運動の指導をアウトソーシング[15]しているという状況がみられますが、そのメリット、デメリットについてはもう一度考えてみる必要があるのではないかと思われます。

保育者が子ども達とともに運動遊びを行うことには、さまざまなメリットが考えられます。たとえば、室内では見られない子どもの様子を知ることができる、子ども同士の人間関係について知ることができる等です。また、子どもが高いところに登って怖がっていたり、新しいことに挑戦しようとしたりしている時に、補助や手助けをしてあげることによって、より深い信頼関係を構築することもできると考えられます。園生活の中で、特別に運動の時間を設けなくても、さまざまな活動の延長線上で運動遊び等の身体活動を保育者が子どもとともに行うことは、子どもの成長を把握するうえで貴重な機会であると思われます。

実際に、保育者が子どもとともに身体活動を行うとき、問題になってくるのが、保育者自身の体力不足です。**図 2-19** は女子大学生の背筋力測定平均値の年次推移を表したものですが、これを見ると、ここ 20 年ほどの間に、体幹部として重要な背筋力の平均値が、なんと 20kg 以上低下していることがわかります。

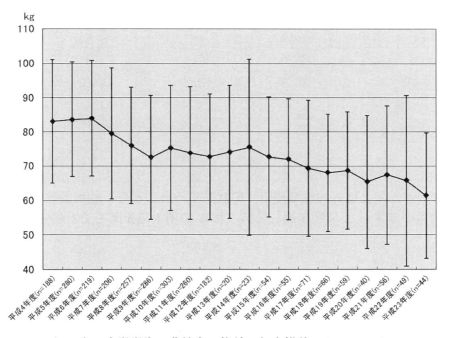

図 2-19 ▶ T 女子大学学生の背筋力平均値の年次推移　（山里 2012）

---

15) 業務の外部委託のこと。

また、**表 2-5** は、保育者を目指す女子大学生の体力測定の平均値を比較したものです。このデータからも、女子大学生の体力が低下傾向にあることがうかがえます。

保育者を目指す皆さんが、保育の現場において子ども達と一緒に運動遊びを行うためには、当然のことながらそれ相応の体力が必要となります。また、日々の園活動のなかに運動遊びを積極的に取り入れていくためには、保育者が自身の嗜好を子どもに押し付けることはできません。例えば、子どもが「先生、外で一緒に遊ぼう！」と言ってきた時に、「先生は中で遊ぼうかな」とか「寒いから（暑いから）中にしようか」という対応をしてしまいがちです。しかし、たとえ保育者が運動嫌いであっても、保育者に子どもを運動嫌いにさせる権利はないのです。保育者が自分自身の健康に留意し、子どもとともに遊ぶことができる体力、最低限の運動能力、そして安全に運動遊びができるように補助や手助けをする能力を身に付けておくことは、子どもの健康と体力づくりにとってとても重要なことなのです。

表 2-5 ▶ T 女学院大学の、保育者を目指す学生の体力測定平均値の推移

	1987年 保育科生 （短大）	2009年 保育専攻生 （大学）	2012年 保育学科生 （大学）	2015年 保育子ども学科生 （大学）
反復横跳び（回／判定）	43/5	40/4	47/5	48/5
垂直跳び（cm／判定）	41/4	40/4	36/3	38/4
握　力（kg／判定）	26/3	24/3	25/3	23/2
背筋力（kg／判定）	82/3	79/3	65/2	64/2
伏臥上体反らし（cm／判定）	59/4	50/3	49/3	49/3
立位体前屈（cm／判定）	14/3	12/3	11/2	11/2
踏み台昇降（点／判定）	63/3	61/3	59/3	63/3
総合判定（点／総合判定）	25/B	23/C	21/C	21/C

（村上 2016）

○「保育者の体力向上は人的環境整備」の意味するところを、幼稚園教育要領 第1節 幼稚園教育の基本の 2. 環境を通して行う教育 の項を踏まえてまとめてみましょう。

○前掲のグラフと表を見て、保育者の体力向上について思うところを述べてみましょう。

6. 子どもの「生きる力づくり」は子どもの「生活づくり」から
（子どもの生活定点の確保と実践課題）

　子どもの発育・発達にとって、その基盤としての生活づくりは重要な意味を持っています。ここでは、その生活づくりを"生活定点"という観点からみていきます。

　人間が健康的な生活を営むための基本的生活習慣には、食事、睡眠、排泄、衣服（類）の着脱、清潔、整理整頓等があります。このうち、食事、睡眠、排泄は生理的に必要な生活習慣、衣服（類）の着脱、清潔、整理整頓は社会生活に必要な生活習慣であるといえます。

　前述したように、平成20年公示の幼稚園教育要領および保育所保育指針では、領域「健康」の内容として10項目が示され、そのうち基本的な生活習慣の確立に関わる項目として「保育者や友達と食べることを楽しむ」「健康な生活のリズムを身に付ける」「身の回りを清潔にし、衣服（類）の着脱、食事、排泄などの生活に必要な活動を自分でする」「園における生活の仕方を知り、自分たちで生活の場を整えながら見通しをもって行動する」ことが提示されています。これらの項目の中において、前述した基本的生活習慣がどのように位置づけられていくのかを考え、「生きる力づくり」という観点から、幼児の健やかな心身の発育・発達と、幼児自身が自立して健康で安全な生活をおくることができるように、保育場面での具体的な手立てを確立していくことが重要となります。園や保育者は、子どもが身に付けるべき生活習慣を「園で行うべきこと」「家庭で行うべきこと」「園と家庭で協同すべきこと」に分け、家庭と連携をとりながら、子どもの生活習慣を確立していくようにしていくことが大切です。つまり「生きる力」は「生活づくり」から始まるのです。ここでは、子どもの生きる力づくりにかかわる基本的生活習慣のいくつかをピックアップして、まとめていきます。

(1) 子どもの睡眠と実践課題

睡眠は、乳幼児の心身の発育・発達にとって、大変重要な役割をもっています。その役割とは、成長ホルモンの分泌を促す、脳や筋肉の疲労回復を図る、生体リズムを整えるメラトニンの分泌を促すなどです。このことから、子どもには十分な睡眠時間と睡眠の深さ、寝つきのよさ、起床・就寝時刻のリズムある生活が必要です。園において

は午睡の重要性を認識し、子ども達が質の良い睡眠をとれるように、騒音や光、人の動きなどに注意するなど、環境を工夫することが大切です。

保育者は、睡眠に関して、次の事項をおさえておくとよいでしょう。

① 睡眠は浅い眠りのレム睡眠[16]と深い眠りのノンレム睡眠[17]とがあり、一定の周期で交互に出現する。

② 新生児は、ノンレム睡眠とレム睡眠を繰り返しながら、1日のうちのほとんど（16時間程度）を眠って過ごす。

③ 新生児は1回の眠りが短く、1日あたりの睡眠総量が多く、睡眠は昼夜にわたって小刻みに3〜4時間ごとに睡眠と覚醒をくり返し、日中起きて夜寝る睡眠リズムは確立されていない。

④ 生後3・4カ月ごろ（生後15週齢）になると昼夜の区別がわかるようになり、生後6カ月ごろまでに日中起きている時間が長くなり、日中起きて夜眠るという睡眠覚醒リズムをもつようになる。

⑤ 0歳後半になると、午前中に短時間、午後は少しまとまって睡眠をとるようになる。

⑥ 1歳頃から、ノンレム睡眠とレム睡眠の睡眠リズムが40〜60分のサイクルになり、2〜5歳にかけては60〜80分、5〜10歳には成人と同様の90分のサイクルになっていく。

⑦ 2〜4歳頃にかけては昼寝の時間を含む二相性睡眠のパターンとなり、昼寝を含め

16）急速眼球運動の見られる睡眠、一夜に4〜5回出現。脳波は覚醒時に似るので、逆説睡眠とも言われる。夢を見ているときにほぼ対応。
17）ゆるやかな振動数の脳波が現れる睡眠。レム睡眠以外の睡眠。成人では一夜の睡眠の約80％を占める。

§2 子どもの生活と健康を育む実践活動　実践課題Ⅱ

て11〜12時間眠る。
⑧5歳ころには睡眠のリズムが完成し、大人と同じ単相性睡眠パターンに移行する子どもが増えてくる。

　幼児期は、午後8時〜9時就寝、午前6時〜7時起床を目安に、1日10時間の睡眠がとれるようにすることが望ましい習慣であるといわれています。しかし、前述したように、本来、就寝していて当然の時間帯に、大人の都合に合わせた生活を強いられている子ども達が少なくない状況です。幼児にとって十分な睡眠をとることは、成長を促し、体調を整え、また脳を休めることで覚醒時の脳のはたらきを活性化する大切な営みとなります。夜型の生活習慣は睡眠不足をもたらし、寝起きを悪くして朝食を欠食する原因となり、生活リズム全体が悪循環に陥ることになります。そして、集中力の欠如や情緒の不安定にもつながるなど、幼児の心身に大きな影響を及ぼします。その意味でも、家庭との連携が非常に重要となってきます。

> **○子どもの適切な睡眠のために、家庭とどのような連携をとっていけばよいでしょうか。**

（2）排泄と実践課題

　排泄の習慣は、保育園や幼稚園での生活とは切り離せません。この習慣は、乳児期から幼児期にかけて、生理的機能のみに支配されて無統制に行っている段階から、自分自身で統御ができるようになる段階へと発達していきます。谷田貝（2009）は、その段階を「無統制の段階」「事後通告（排泄後の通告）の段階」「予告（排泄前の通告）の段階」「おむつの離脱」「完全自立」の5つに分類しています。これらは身体的発達、心理的発達、言語の発達、神経系の発達など、さまざまな機能と深くかかわっています。そして、排泄行動は、"学ぶことにより習慣になっていく"ということを念頭に置いておく必要があります。ただし、

諸機能の成熟を待たずに無理に訓練をしても効果はなく、逆に子どもの負担になってしまう場合もあります。その成熟の時期には個人差があり、他の子どもとの比較で自立をせかすことは避けるべきであることは言うまでもありません。排泄の習慣が身につくためには、その行動を言葉で知らせることをはじめ、パンツを脱いだりはいたりする、ドアをノックする、水を流す、紙を使える、手を洗う、ドアを閉めるなど、一連のいろいろな行動もできるようになる必要があります。また、特に、幼稚園においては、初めての集団生活のなかで園のトイレを使うことに慣れず、スムーズに排泄ができるとは限りません。家庭とは異なるトイレの構造や雰囲気の違いだけでなく、園における集団生活の流れのなかで抵抗なく自由にトイレに行かれるようになるには、時間がかかると考えておくべきです。無理強いすることと手をかけないことを混同しないように注意し、根気よく習慣づけられるようにしていくことが大切です。

○なかなかおむつのとれない子どもへの対応を考えてみてください。

§2　子どもの生活と健康を育む実践活動　実践課題Ⅱ

（3）衣服（類）の着脱と実践課題

　私たち人間は、暑さや寒さから身を守り、体温を維持し、また、身体を保護するために衣服を身につける文化を発展させてきました。衣食住のなかでは、食や住に比べその優先度は低くなりますが、私たちの生活に欠かせないものであることに変わりはありません。子どもにとっての衣服の着脱は、初めはただ着せてもらうだけですが、やがて大人の行為をまねて、自分から着脱を始めるようになり、少しずつ自立していくようになります。まず脱衣から行うようになり、着衣のほうが後に発達していきます。脱衣はある程度大雑把に行っても脱ぐことは可能ですが、着衣は手先の器用さや、着る順番の把握などの発達が伴っていなければできない行為です。着衣にはパンツをはく、袖に腕を通してボタンを留める、ひもを結ぶ、靴下や靴を履く、などさまざまな行為があり、これらの行為を就学前までには一通りできるようにさせておくことが理想です。以前は衣服や靴を身につけるために、ひもを結んだりボタンやホックをはめたりすることは当たり前に行われていましたが、現在では、子どもの衣類の形状が大きく変化しており、紐やボタンがなく、ただ単にかぶる形状の衣類が増えたり、ズボンもベルトではなくゴム入りになったり、靴も紐ではなくマジックテープで止めたり、というように着脱の簡易なものが目立つようになってきました。そのため、細かい動作を身につけることが難しくなっています。保育者はこのようなことも考慮し、家庭とも連携し、子どもの発達に見合った指導を少しずつ行っていくことが必要となります。

○保育現場で行える衣服の着脱習慣について考えてみてください。

（4）清潔・整理整頓と実践課題

　清潔の習慣には、手を洗う、うがいをする、歯磨きをする、顔を洗う、汗を拭く、爪を

切る、鼻をかむ、髪や体を洗う、汚れた衣服を着替えるなど、さまざまなことがあります。これらの習慣は、周りの大人が子ども達に積極的に働きかけていくことにより身についていきます。保育者は、これらの行為のお手本を見せながら、繰り返し子ども達に行わせ、清潔や整理整頓の習慣を身につけられるようにしていくことが肝要です。あわせてその行動がなぜ必要なのか、たとえば"さっぱりすると気持ちがよい""部屋がきれいになって気持ちがよい"などという感覚を子どもなりに理解させるようにしていくことが大切になります。そうした感覚が育つことによって、しだいに自分でも身のまわりを清潔にしようとする自覚が出てきます。そのためには保育者自身も清潔を心がけ、整った環境づくりを日常のなかで繰り返し積極的に行っていく必要があります。

> ○保育現場で行う清潔や整理整頓について具体的に考えてみてください。

ここまで述べてきたいくつかの基本的な生活習慣について、それらがどのくらいの年齢で行えるようになるか、谷田貝（2016）は、1930年代の調査と2003年の調査で比較しています（表2-6）。現代では生活が便利になったこともあり、生活習慣の確立は1930年代に比べて遅くなっている傾向がみられます。また、全国国公立幼稚園・こども園長会では、「遊びを通して子どもの生活体験を豊かにする調査研究」の中で、教員と保護者に"子どもに身についていない生活技能"について質問し、図2-20のような結果が得られています。

保育者はこのような発達段階を把握し、子どもの指導に役立てていくようにしましょう。

§2 子どもの生活と健康を育む実践活動 実践課題Ⅱ

表 2-6 ▶ 基本的生活習慣の自立の標準年齢

年齢	食事 山下調査(1935年〜1936年)	食事 本調査(2003年)	睡眠 山下調査(1935年〜1936年)	睡眠 本調査(2003年)	排泄 山下調査(1935年〜1936年)	排泄 本調査(2003年)	着脱衣 山下調査(1935年〜1936年)	着脱衣 本調査(2003年)	清潔 山下調査(1935年〜1936年)	清潔 本調査(2003年)
1.0		・自分で食事をしようとする			・排尿排便の事後通告					
1.6	・自分でコップを持って飲む ・スプーンを自分で持って食べる	・自分でコップを持って飲む ・スプーンを自分で持って食べる ・食事前後の挨拶	・就寝前の排尿		・排尿排便の予告			・一人で脱ごうとする		・就寝前の歯磨き
2.0		・こぼさないで飲む		・就寝前後の挨拶			・一人で脱ごうとする ・靴をはく	・一人で着ようとする		
2.6	・スプーンと茶碗を両手で使用 ・こぼさないで飲む ・箸と茶碗を両手で使用	・スプーンと茶碗を両手で使用			・おむつの使用離脱 ・付き添えば一人で排尿ができる	・排尿排便の事後通告	・一人で着ようとする	・靴をはく ・帽子をかぶる	・手を洗う	・うがい ・手を洗う
3.0	・こぼさないで食事をする ・食事前後の挨拶 ・箸の使用	・こぼさないで食事をする			・パンツをとれば排便ができる	・排尿排便の予告 ・付き添えば一人で排尿ができる		・パンツをはく		・顔を拭く ・石鹸の使用
3.6	・箸を正しく使う ・一人で食事ができる	・箸の使用 ・一人で食事ができる	・昼寝の終止	・寝間着に着替える ・就寝前の排尿	・排尿の自立	・おむつの使用離脱 ・排尿の自立 ・パンツをとれば排便ができる	・帽子をかぶる	・前ボタンをかける ・両袖を通す ・靴下をはく ・脱衣の自立 ・着衣の自立	・石鹸の使用	・食前の手洗い
4.0		・握り箸の終了 ・箸と茶碗を両手で使用	・添い寝の終止 ・就寝前後の挨拶		・排便の自立 ・夢中粗相の消失	・排便の自立	・パンツをはく ・前ボタンをかける		・うがい・顔を洗う ・顔を拭く・鼻をかむ	・顔を洗う ・髪をとかす ・鼻をかむ
4.6					・排便の完全自立（紙の使用）	・夢中粗相の消失	・両袖を通す ・靴下をはく			
5.0			・就寝前の排尿の自立 ・就寝時の付き添いの終止		・排便の完全自立（紙の使用・洋式の利用）		・紐を前で結ぶ ・脱衣の自立		・口ゆすぎ(朝) ・食前の手洗い ・髪をとかす	・朝の歯磨き
5.6				・寝間着に着替える					・朝の歯磨き	
6.0		・箸を正しく使う		・昼寝の終止 ・就寝前の排尿の自立			・着衣の自立			
6.6				・添い寝の終止 ・就寝時の付き添いの終止						
7.0								＊紐を前で結ぶ(8歳)		

（谷田貝 2016）

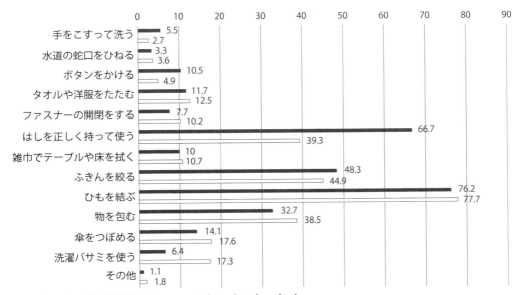

図 2-20 ▶ 子ども達の生活技術（身についてないもの）（%）

色線：教員（n＝665） 白線：保護者（n＝2129）（全国国公立幼稚園・こども園長会「遊びを通して子どもの生活体験を豊かにする調査研究(2015)」のデータから作図）

《資料》

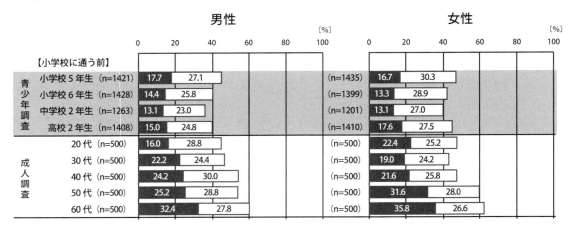

資料 2-1 ▶ 小学校に通う前に夜空一杯に輝く星をゆっくり見た体験はあるか？
（国立青少年教育振興機構「子どもの体験活動の実態に関する調査研究（2010）」より）

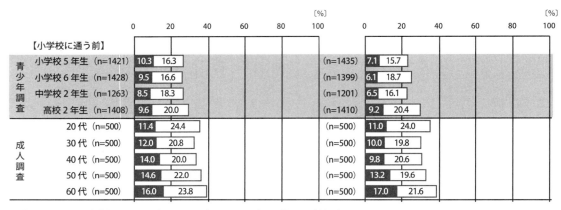

資料 2-2 ▶ 小学校に通う前に湧き水や川の水を飲んだ体験はあるか？
（国立青少年教育振興機構「子どもの体験活動の実態に関する調査研究（2010）」より）

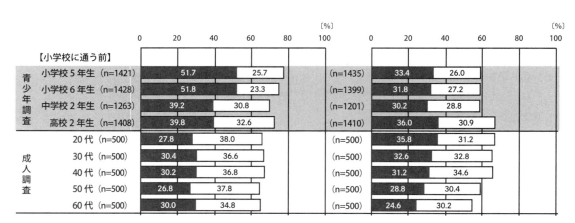

資料 2-3 ▶ 小学校に通う前にチョウやトンボ、バッタなどの昆虫をつかまえた体験はあるか？
（国立青少年教育振興機構「子どもの体験活動の実態に関する調査研究（2010）」より）

§2　子どもの生活と健康を育む実践活動　実践課題Ⅱ

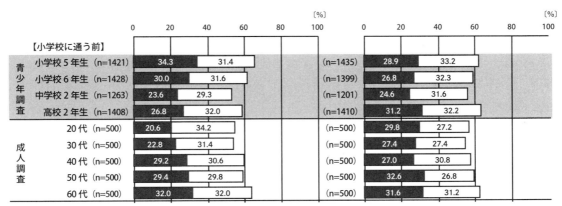

資料 2-4 ▶小学校に通う前に野鳥を見たり、鳴く声を聞いたりした体験はあるか？
（国立青少年教育振興機構「子どもの体験活動の実態に関する調査研究(2010)」より）

（※ ■：何度もある、□：少しある）

《参考文献等》

中村和彦『子どもが夢中になる！楽しい遊び』学研教育みらい (2011)
宮下充正『子どもに「体力」をとりもどそう』杏林書院 (2007)
幼児期運動指針策定委員会『幼児期運動指針ガイドブック　毎日、楽しく体を動かすために』文部科学省 (2015)
平塚市私立幼稚園協会研究部「運動遊び ——年齢に応じた運動遊びにおける保育者の関わり——」平塚私立幼稚園協会 (2012)
YPC ネットワーク「横浜市プレイパークで遊ぼう」横浜にプレイパークを創ろうネットワーク (2015)
村上哲朗『保育者を志望する学生の体力調査』学内研究報告書 (2016)
文部科学省『幼稚園教育要領解説（平成 20 年 10 月）』フレーベル館 (2008)
国立青少年教育振興機構「子どもの体験活動の実態に関する調査研究」報告書 (2010)
総理府「青少年と家庭に関する世論調査」(2003)
社会福祉法人恩賜財団母子愛育会愛育研究所『日本子ども資料年鑑 2016』KTC 中央出版 (2016)
読売新聞「2015 年 10 月 12 日朝刊」読売新聞社 (2015)
文部科学省「平成 26 年度全国体力・運動能力、運動習慣等調査」(2014)
文部科学省『家庭で・地域で・学校で・みんなで・早寝早起き朝ごはん——子どもの生活リズム向上ハンドブック——』(2006)
NPO 法人 e-Lunch「親と子どものスマートフォン・タブレット利用調査」(2014)
NHK 放送文化研究所世論調査部『崩食と放食——NHK 日本人の食生活調査から』生活人新書 (2006)
小倉朋子『「いただきます」を忘れた日本人　食べ方が磨く品性』アスキー新書 (2008)
中瀬剛丸「食事に関するしつけやマナーの伝承　〜「食生活に関する世論調査」から③〜」放送研究と調査 (2006)

高橋久仁子『フードファディズム　メディアに惑わされない食生活』中央法規（2007）
高橋久仁子『「健康食品」ウソ・ホント』講談社（2016）
花王株式会社ヒューマンヘルスケア研究センター「幼児の歩数実態調査」(2011)
前橋明「幼児の生活リズムの乱れの実態と改善のための方策」BERD No.16 ベネッセ総合教育研究所 (2009)
前橋明『生活リズム向上大作戦』大学教育出版 (2006)
日本発育発達学会『幼児期運動指針実践ガイド』杏林書院 (2014)
仙田満『子どもとあそび　──環境建築家の眼──』岩波新書 (2014)
文部科学省「幼稚園教育要領（平成 20 年 3 月告示）」(2008)
山里哲史「女子大学生の姿勢と不定愁訴に関する一考察」東京女学館大学紀要第 9 号 (2012)
池田裕恵『子どもの元気を取り戻す　保育内容「健康」』杏林書院 (2011)
民秋 言、穐丸 武臣ほか『保育内容 健康〔新版〕保育の内容・方法を知る』(2014)
清水将之、相樂真樹子ほか『＜ねらい＞と＜内容＞から学ぶ保育内容・領域　健康』わかば社 (2015)
河邉貴子ほか『演習保育内容　健康』建帛社 (2015)
菊池秀範、石井美晴ほか『新訂　子どもと健康』萌文書林 (2010)
谷田貝公昭、高橋弥生『第 3 版　データでみる　幼児の基本的生活習慣　基本的生活習慣の発達基準に関する研究』一藝社 (2016)
全国国公立幼稚園・こども園長会「遊びを通して子どもの生活体験を豊かにする調査研究」(2015)
中村和彦『子どものからだが危ない！　今日からできるからだづくり』日本標準 (2004)
倉真智子、大森宏一ほか『子どもが育つ運動遊び』みらい (2016)
柴田輝明『跳び箱に手をつき骨折する子ども』ポプラ新書 (2016)
西洋子、本山益子、吉川京子『子ども・からだ・表現──豊かな保育内容のための理論と演習』市村出版 (2012)
文部省「家庭との連携を図るために（幼稚園教育指導資料（第 2 集））」(1992)
文部省「幼稚園における道徳性の芽生えを培うための事例集」(2001)
文部科学省「指導と評価に生かす記録──平成 25 年 7 月（幼稚園教育指導資料）」(2013)
文部科学省「指導計画の作成と保育の展開〈平成 25 年 7 月改訂〉（幼稚園教育指導資料）」(2013)
岩崎洋子ほか『保育と幼児期の運動あそび』萌文書林 (2008)
岡本夏木『幼児期　──子どもは世界をどうつかむか──』岩波新書 (2015)
小西行郎『子どもの脳によくないこと　赤ちゃん学、脳科学を生かす子育て』PHP サイエンス新書 (2011)
初見健一『子どもの遊び 黄金時代 70 年代の外遊び・家遊び・教室遊び』光文社新書 (2013)
小川清実『子どもに伝えたい伝承あそび──起源・魅力とその遊び方』萌文書林 (2001)
環境省「子どもの健康と環境に関する全国調査」(2014)
厚生労働省「第 3 回 21 世紀出生児縦断調査（平成 22 年出生児）」(2015)
川島隆太「スマホで子供はバカになる！」月刊 Hanada 2 月号　飛鳥新社 (2017)

PART 3

子どもの身体活動の指導法と実践指導の留意点

§1 からだを動かす気持ちよさと楽しさの指導

1. 幼児期の身体活動の意義

　幼児期に身体活動を行うことの意義については、さまざまな方面で述べられています。ここでは文部科学省が策定した幼児期運動指針に沿って、その意義についてまとめていきます。幼児期運動指針では幼児期に身体活動を行うことの意義について、次の5つにまとめています。

> 1) 体力・運動能力の基礎を培う
> 2) 丈夫で健康な体になる
> 3) 意欲的に取り組む心が育まれる
> 4) 協調性やコミュニケーション能力が育つ
> 5) 認知的能力の発達にも効果がある

　以下、この5項目について各々みていきます。

（1）体力・運動能力の基礎を培う

　私たちが日常生活を営むうえで、体力は言うまでもなく、そのベースとなるものです。身体活動によって体力を身に付けることにより健康の維持のほか、意欲や気力といった精神面の充実にも良い影響が出るとされています。また、幼児期は神経機能の発達が著しく、運動を調整する能力が顕著に向上する時期でもあります。PART 2でも述べたように、こ

れらの能力は5歳頃までに大人の約8割程度まで発達しますが、この能力を高め、また子ども達の将来につなげていくために、子ども達に多様な動きを経験させておくことは、非常に重要なことなのです。

　子どもの体力低下は、将来的に国民全体の活力の低下につながります。幼児期に遊びの中で多様な動きを経験し、それを長期にわたって継続することによって、基本的な動きがより洗練されていきます。そして、小学校入学以降につながる複雑な遊びや運動の基礎を育むことになるのです。また、多様な動きを経験することは、さまざまな危険から身を守るための基礎を育むことができます。国土交通省が策定している「都市公園における遊具の安全確保に関する指針」では、リスクについて「リスクは、遊びの楽しみの要素で冒険や挑戦の対象となり、子どもの発達にとって必要な危険性は遊びの価値のひとつである。子どもは小さなリスクへの対応を学ぶことで経験的に危険を予測し、事故を回避できるようになる。また、子どもが危険を予測し、どのように対処すれば良いか判断可能な危険性もリスクであり、子どもが危険を分かっていて行うことは、リスクへの挑戦である。」と述べられています。このような安全に対する基礎を培うことも幼児の身体活動の大きな意義であるといえるのです。

　以上のようなことを踏まえ、保育者は幼児の安全を確保した上で、幼児が持っている冒険心を生かしながら、楽しく体を動かす遊びを行うよう促すことが大切です。そして体力・運動能力を培うことが、より活動的な社会につながっていくのです。

(2) 丈夫で健康な体になる

　幼児期運動指針によると、幼児期に運動習慣を身に付けることにより、身体の諸機能における発達が促進され、生涯にわたる健康的で活動的な生活習慣の形成に役立つ可能性が高くなるといいます。近年では食生活の変化により、子どもでも肥満をはじめ、生活習慣病に罹るケースが報告されており、また、生活のリズムが乱れている幼児が増加しているといわれています。適切な運動習慣を行うことが、幼児期はもちろん、成人後も生活習慣病になる危険性を小さくするのです。

　子ども達が積極的に体を動かして遊ぶことは、生活のリズムを安定させることにつながります。運動習慣を実践することによって適度に疲労することになり、お腹がすいておいしく食事を摂ることや、十分な睡眠をとることにつながり、身体的にも精神的にも良い状態を保つようになります。また、近年、体温調節が出来ない子どもが問題になっています

が、運動により汗をかき、汗腺の発達を促進させることは丈夫な体につながっていきます。

さらに幼児期の運動は、丈夫な体に欠かせない、骨の形成にも関わってきます。骨の形成にはカルシウムやビタミンDなどの栄養摂取とともに適度な運動や日光浴が必要不可欠です。カルシウムを摂取しても、抵抗（運動）を与えなければ骨には沈着しません。紫外線の影響を考慮しつつ、屋外で元気に遊ぶことが骨の形成につながります。

(3) 意欲的に取り組む心が育まれる

幼児期運動指針では、幼児にとって体を動かして遊ぶことや思いきりのびのびと動くことが、何事にも意欲的に取り組む態度を養い、健やかな心の育ちを促す効果があるとして、以下のようなことが述べられています。

文部科学省（2011）の調査によると、積極的に体を動かす幼児は「やる気」「我慢強さ」「友達関係が良好」「社交的」など前向きな性格傾向がみられ、身体活動によって「いつもやる気（何でもやってやろうという気持ち）がある」「いつも一つのことに集中できる」と評価された園児の割合が増加したと報告されています。

また幼少年期における有能感は、「よくできたね、がんばったね」と評価されることによって得られ、それが自信につながっていきます。それは遊びや運動に関する場面でも同様であり、さまざまな動きを通した成功体験によってその基礎がつくられ、その後の運動やスポーツ活動につながっていくのです。ここで気を付けなくてはならないことは、遊びや運動における有能感をもてる子どもは、さらに運動が好きになって運動する機会も増えていきますが、「無力感」を抱くようになると運動の機会も減少していくということです。幼少期に運動に対して無力感を抱いてしまうと、将来の健康生活に少なからず影響を与えることになります。保育者は、さまざまな工夫を凝らし、また時には自ら進んで子ども達と遊びや運動を行い、子ども達が楽しみながら、成功の体験を積むための環境づくりをしていくことが重要です。

(4) 協調性やコミュニケーション能力が育つ

幼児期に子ども同士で身体活動を行うことにより、感情をコントロールし、友達と上手に遊べる子になるといわれています。幼児期運動指針によると、子ども達は多くの友達と

関わりながら遊ぶことにより、ルールを守ることや我慢をすること、コミュニケーションをとることなどを学び、社会性を身に付け、また、5,6歳頃になるとリーダーになる幼児が出てきて、グループ内での役割を意識した行動もとれるようになると述べられています。

文部科学省（2011）の調査では、イライラすることが少ない子どもほど体力が高い子の割合が多く、いつも感情をコントロールできずイライラしている子どもほど体力の低い子が多いという結果が出ています。保育者は、子ども達が保育者だけでなく家族、同世代の友達や集団との交流をしていく中で社会性を学び、爽快感や達成感を味わいながら成長していくよう、見守っていく必要があります。

（5）認知的能力の発達にも効果がある

幼児期の身体活動は、脳の発達を支え、創造力を豊かにしていきます。日本学術会議による「子どもを元気にする運動・スポーツの適正実施のための基本指針」(2011)では、子どもの脳・神経機能に対する運動の効果として、①脳の運動制御機能の発達促進効果、②精神状態の改善効果、③知的能力の改善効果の3つをあげています。これは運動を行うとき、状況判断から運動の実行まで、脳の多くの領域を使用していることを表しています。これらの働きの中には、三次元空間にある物体の状態（位置、方向、間隔、速さなど）を素早く正確に把握する空間認識能力の獲得も含まれているといわれています。

また、この指針の中では「すばやい方向転換などの敏捷な身のこなしや状況判断・作戦などの思考判断を要する全身運動は、脳の運動制御機能や知的機能の発達促進に有効であると考えられる」とも述べられています。

子ども達は遊びや運動の中で、脳・神経機能をフルに働かせて、さまざまな場面に応じた対応を学んでいるのです。保育者はこれらのことを踏まえ、幼児の遊び空間が創造的に広がっていくような環境づくりを工夫することが求められます。

2. 運動の楽しさを味わう活動（楽しさを感じる要因について）

幼児の身体活動は、基本的には生活の中にある遊びを通して行われる運動遊びです。子ども達が群れ遊んでいる中での言葉を聞くと、「ねーねー、これできる？」「できるー。」「じゃ、これはー？」といったように、体を使った遊びが次から次へと発展していくのです。小学校の児童生徒に対する体育科教育としての運動種目には、期待される身体能力の発達や体

育活動を通して育まれる社会性は認められますが、運動の「好き・嫌い」が芽生えてしまう時期が小学生で多くなるということは、学校の体育活動と運動の楽しさの体験とでは、目的とされるねらいにややズレが生じているように思えます。このことに関連して、小学校や児童の体育活動における運動の楽しさに関する研究報告も多く見られます。千駄（1989）は、小学生の運動に対する楽しさの要因について、「できばえ・成果」「挑戦・熱中」「くつろぎ」「成功感」「応援・観戦」「賞賛」「非競争性」「脚光」「優越感」を挙げました。徳永・橋本（1980）は、その他に、「創造性活動」「健康」「競争」「集団活動」「スリル感」「自己実現」を加えました。また、村上（2016）は、運動の「好き・嫌い」がほぼ根付いていると思われる大学生に、運動の楽しさについて質問形式で調査を行い、運動の楽しいところとして「皆で協力するところ」「励ましたり応援されたりするところ」「チーム内の団結」「コミュニケーションをとるところ」「仲間意識」「達成感」「肯定感」が上位回答として挙げられたと報告しました。特に、「運動を共有しながらみんなで応援しながらできるところ」「気持ちを分かち合いながら進められるところ」「達成感の共有」がもっとも多かったとしています。

　これらの調査は、小学校から高校までの体育教育プログラムを経験した人たちの、運動に対する感覚的意識として捉えることができますが、比較的運動に対して肯定的な人たちの意見が多かったことも考えられるため、運動があまり好きではない人たちの原因や要因も理解して、幼児期の身体活動についての指導方法に生かされていかなければならないと思います。**図3-1**は、子どもの遊びの発達を示したものですが、これを見ると、1人遊びから組織的な遊びに発展するまでの中でこそ、運動遊びの楽しさを導き出してあげる必要があると考えられます。1人遊びや傍観の時間にも個人差があります。興味のある運動との出会い、面白そうな運動を見ると、憧れや創造心が芽生えて、やがて自分もそれに加わるようになります。好きな運動を見つけること、面白さに出会うこと、そのためにはいろいろな運動場面が必要ですし、憧れの対象も必要になってきます。異年齢で遊ぶ意味は、そこにあります。お兄さんやお姉さん、先生である人たちの模範は、子ども達の遊び心にスイッチを入れてより高度な運動に導いていきます。現代において、遊びの世界がゲームの中に広がってしまったのは、「達成感」という結果が得やすいことや、何度もリセットして「成功感」を求めやすいからなのかも知れません。ゲームに熱中し、集中する姿は、本来の、体を使った運動遊びの中の子どもの姿と変わりません。しかし、運動の「楽しさ」は、目的ではなくて、目的行動の中に付随して生まれてくる確かな感覚なのです。時間のない子ども達が、楽しさを求めるターゲットをゲームに求めるのも本能的な感覚といえるのか

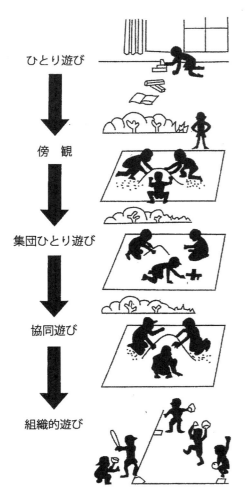

図 3-1A ▶遊びの発達
（保育と幼児期の運動遊び 2008 より）

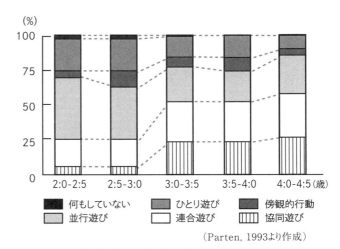

図 3-1B ▶遊びの年齢的変化
（保育と幼児期の運動遊び 2008 より筆者修正）

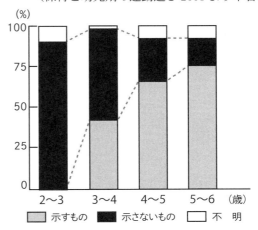

図 3-1C ▶競争に興味を示す子どもの割合
（保育と幼児期の運動遊び 2008 より作成）

もしれません。子ども達にはもっと運動をする時間と仲間が必要なのです。実体験によって味わえる運動の「楽しさ」は、"熱中する"ことの表れでもあります。遊びの楽しさの要因は、じっくり遊ぶことのできる時間と好きなだけ傍観もできる仲間たちの存在であることを念頭において運動指導を行いたいものです。

3. 運動に向き合う心づくり

ここでは、子ども達が運動遊びに向き合っていくために、保育者として何ができるかを

考えていきます。私たち大人にとって、"遊び"とは娯楽であったり気晴らしであったりというイメージがありますが、子どもにとっての遊びは生活そのものです。幼稚園教育要領第1節 幼稚園教育の基本 の2項には「幼児の自発的な活動としての遊びは、心身の調和のとれた発達の基礎を培う重要な学習であることを考慮して、遊びを通しての指導を中心として第2章に示すねらいが総合的に達成されるようにすること」と記されています。幼児期の遊びは、子ども達の心身の発達に大きな役割を果たすとともに、小学校以降の運動習慣の形成に深く寄与していきます。

このような背景を踏まえ、保育者がどのような役割を担っていくべきか考えてみましょう。

遊びの定義は、多くの研究者によってさまざまな形で述べられていますが、それらにほぼ共通することは、"遊びは自発的なものである"ということです。子ども達の様子を観察していると、遊びの中でさまざまな工夫を凝らしていることが見てとれます。保育者はその使命感から、「指導」を行ってしまいがちですが、その命令や指示によって、子どもの遊びが遊びでなくなってしまうことがあります。子どもの創造性を損なうことなく、子ども達が自発的に遊びを行っていかれるよう、環境を整えることが求められます。

しかし、子どもの自発性を待っていてもなかなか保育者の思惑通りに事は進まないものです。かつては異年齢の子ども同士が一緒になって遊ぶ中で、子ども達は遊びそのもののルールや社会性を自ら学んでいきました。小学生になると弟や妹の面倒を見なければならず、一緒に連れていくのですが、遊ぶ時に足手まといになるため、「おまめ[1]」というルールを作って仲間に入れるということもありました。現在ではなかなかこのような集団で遊ぶ機会はなく、かつて年長者が担っていた役割を保育者が務めることになります。保育者は子どもの中に入り、子どもの視野に立って一緒になって遊び、あくまで子どもの中の一人として、遊びをリードしていくことが必要です。

以上のような活動を通して、子ども達が遊びをより積極的に行い、遊びからさまざまな運動へ向かっていくための基礎作りをしていくことが、保育者には求められています。

---

1) 地域によって、ミソッカス、おミソ、はいのこ、あぶらっこ、あぶらむし等々の呼び名があり、弟妹を遊びに連れて行って、たとえば、鬼ごっこのときに掴まっても鬼にならない、特別扱いされる子どものこと。

4. 身体活動の段階的指導の組み立て

　運動遊びの場面、とりわけ子ども達が自然と集まって約束事を決めて展開される運動遊びは、楽しさや面白さに直結しています。自分たちの能力も感覚的にわかっていて、できることとできないことの絶妙なバランスが取られています。ルールや動きの内容も実に明快に説明していますし、厳しいルールもちゃんと決めています。子ども達がこれまでの成長とともに育まれてきた体を使った体験が、やろうとする運動遊びの基礎となっているのです。リレーや鬼ごっこ、サッカーにしても、これまでのかけっこ遊びやボール遊びが高度になっていく運動の土台を作ります。子ども達は決して一足飛びにできない遊びをしようとはしません。必ず段階を踏んで習得していきます。ただ、子どもによって運動遊びの土台となる遊びの時間や量の経験がまちまちです。特に、最近の子ども達の遊びを見回してみると、ゲームを中心とした運動以外の遊びに比重が傾いていっているようです。情報はあるのに体験が不足しているのです。これでは、みんなと体を使った運動遊びが成り立っていかない場面も出てきます。保育現場では、このような子ども達の体力や運動能力の低下を憂いてきました。外遊びをしなくなってきた子どもや、自由な運動遊びに参加しようとしなくなってきた子どもの傾向にどのように対応したらよいのでしょうか。そこで、保育現場で考えてみたい子ども達の身体活動の指導の一つとして、段階的運動指導の展開について紹介します。

　運動の中には、何度失敗してもさほど気にせず何回も挑戦できるものもあれば、失敗によっては、痛い思いをしたり、すぐには再挑戦できなかったりするものもあります。いろいろな運動を体験させたい保育者としての指導の難しさは、この辺にあるのかもしれません。子ども達は自分ができる動きは進んで参加しますし、できない動きは遠ざけるようになります。自由に遊ぶだけでは運動能力に偏りが生じてくることも懸念されないではありません。できる、できないがはっきりわかる器械を使った運動遊びを例に考えてみましょう。

　たとえば、「鉄棒の逆上がりをしましょう」となったとき、鉄棒で遊んだことのある子どもや運動イメージを持っている子どもは、何回かの挑戦でできてしまうかもし

れません。しかし、はじめて鉄棒に触るような子どもではこの課題は大変難しく、運動遊びの楽しさや面白さを感じる域には当然いきません。せっかくの、鉄棒運動との初対面にもかかわらず、もしかすると嫌いになって敬遠する運動になってしまう可能性もないとはいえません。鉄棒運動は、逆上がりができることが目的ではありません。鉄棒を使った様々な動きや遊びによって身につく体の機能性を高めることが一番の目的なのですから、まずは逆上がりの前に、鉄棒や類する器械によっていろいろな遊びをするべきなのです。このような考え方は、子ども達の自由な運動遊びだけではなく、体育的な目的活動の指導の中でも考えていく必要があります。

　一定の運動技能の習得やゲームの成立には、順序的な方法が考慮されているべきで、子ども達の運動との出会いが初めてであれば、楽しめる活動を目標にした段階的な指導系列が考えられていなければなりません（図3-2）。荒削りな最終目的行動を提示することは、運動の楽しさを半減させ、子どもの運動に対する自主的行動意欲も喪失させてしまいます。このことから、子ども達の運動遊びの準備の運動をできるだけ多く、バラエティーに富んだ選択肢を提案し、安心して取り組めるようにするべきでしょう。まずは子ども達の遊びのキャリアと同じ段階のステージを作ってあげましょう。その次に、目標運動が見え隠れする運動で、子ども達の行動意欲や、"できそうだ"という主観的な気持ちを高めてあげるのです。最終的に目標運動に対してチャレンジするところに来たら、それは子ども達の達成意欲の現われとして、評価してあげることができます。様々な身体活動が、遊びという親密感のあるものから離れないように子ども達に提供できたなら、運動に対する気持ちも抵抗の少ないものになるかもしれません。

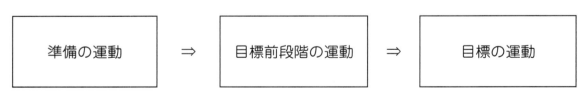

図3-2 ▶楽しめる活動を目標にした段階的な指導系列（村上 2016）

5. 運動指導における方法的補助手段[2]と効果について

　運動を指導するのは、保育現場の場合は保育者です。場面によっては運動指導の専門の指導者が行うこともありますが、運動の指導には、その対象や目標によって様々な補助手段が使われていきます。指導者の指導展開の際の言葉による説明や、模範演技、その他の手段を用いて、至適年齢や目的意識を持つ子ども達に最適な効果が得られるようにしていく必要があるわけです。これは、運動における方法的補助手段ということで、学習過程を助ける意味で身体活動上に含まれる教育者の全ての処置のことを意味します。これには対象の子ども達をよく理解していることが前提ですが、年齢、性別や性格、体質、コンディション、環境、これまでの準備体験などが指導の基礎になります。クラスやグループ、個人、利用できる時間や場所、経験のある補助者やアシスタントも指導環境の条件に加味される必要があります。そして何よりも、指導者の人格、教育手腕、励ます能力、指導経験、安全確保と補助の巧みさは、子ども達が信頼を寄せる指導者の重要なポイントです。

　実際の指導に用いられる指導の補助手段として、指導する者は、学習の到達に合理的で経済的で安全である適切な習得体験に通じている必要があります。保育者の中には、運動指導が比較的不得手で上手く見本が見せられないなど、運動指導に消極的な態度をとりがちな人もいます。しかし、子ども達とともに動き、励まし、応援し、賞賛する保育者がそばにいることが、子ども達にとって運動にかかわりを持つ機会を与え、その保育者の熱意が、子ども達の"やる気"へとつながっていきます。運動指導における最も大切な指導の補助手段は、保育者の人柄や運動指導への積極的な態度であるといえましょう。

　その他の補助的手段については、下記に示した通りです。

> 1）言葉で示される補助主題
> 2）視覚を通じて働くもの
> 3）聴覚に示される補助手段（拍手、ドラム、音楽）
> 4）場所的なもの（地形援助型）
> 5）補助者が力を貸すもの（幇助）
> 6）器械や設備（補助ベルと、踏み切り板、補助マット等）

---

[2] 実際の指導において、それぞれの学習過程を助ける意味で授業に含まれる教育者の全ての処置。

§2

身体活動の実際と指導の実践
実践課題 Ⅲ

ここでは身体活動における、指導の実践課題として、保育現場で意図的に取り入れている運動遊びや、子ども達が自主的に行っている運動遊びに焦点を絞って取り上げました。**表3-1**は、2015年度の秋に、幼稚園実習を行った学生が、それぞれの園について調査した結果をまとめたものです。

表3-1 ▶実習幼稚園で行われていた運動遊びについて

幼稚園が意図的に取り入れていた運動	○外部からの体育指導者による専門指導　10園（43.5%） ●ダンス ●縄跳び ●鉄棒 ●リレー ●鬼ごっこ ●体操 ●サーキット ●走る遊び ○特になし　4園（17.4%）
子ども達が自主的に行っていた運動	●鬼ごっこ ●鉄棒 ●縄跳び ●リレー ●雲てい ●ドッジボール ●サッカー ●ジャングルジム ●ダンス

（23園の調査から　村上 2015）

この調査は毎年実施していますが、2015年度の調査では、保育者の子ども達に対する積極的な外遊びへの促しがみられました。その結果、ぐずぐず言い訳をしなくなった、食事のスピードが速くなったなどの報告もありました。実践課題として園で実施されている運動遊びを主に取り上げています。以下で、具体的な指導の展開を考えてみましょう。

1．就園前の子どもの運動遊び

（1）お気に入りの遊びを見つける

　子ども達がお気に入りの遊びを見つけるために、保育者は物的環境、人的環境を整えてあげる必要があります。物的環境とは、遊んでみたくなるような遊具や用具などのモノの配置や、それらを使う空間・時間であり、人的環境とは保育者や園児です。これらの環境を、子ども達が自発的に運動を行う気持ち、いわゆる内発的動機づけによる活動に結び付くよう、整え、設定してあげる必要があります。そのような環境のもと、さまざまな遊びを行っていく中で、子ども達はそれぞれお気に入りの遊びをみつけていきます。ここではそれらの展開の中から、サーキット運動とフィールド・アスレチックについて取り上げます。これら、多種にわたる運動遊びができる環境を整えることから始め、さらに子ども達が自ら新しい遊びを創造していくことにつなげていきたいものです。

（2）サーキット運動

　サーキットとは「巡回」の意味であり、モータースポーツの競技などでよく使われていますが、運動の場においては、「サーキットトレーニング」のように、いくつかの運動種目を次々に巡回しながら行うトレーニング方法のことを指しています。この方法で運動遊びを行うときは、子ども達がワクワクするような種目を設定します。また、設定に際しては、体のいろいろな部分

写真 3-1 ▶ ジグザグ渡り〜

を使うことができるようにすること、子ども達が冒険心や挑戦する気持ちを持てるようにすること、ケガに注意すること、などに考慮し、変化に富んだものにするとよいでしょう。また、「無人島探検！」や「忍者の修行」など、テーマを決めて種目を配置すると子ども達は喜んで取り組みます。

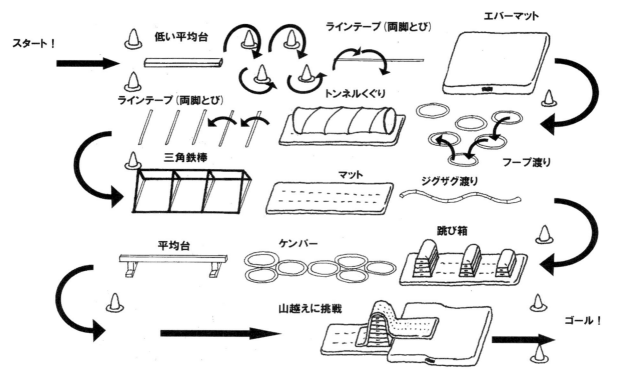

図 3-3 ▶ サーキット運動の例 （山里 2015）

○子どものサーキット運動を考えてみましょう。

（3）フィールド・アスレチック

　フィールド・アスレチックとは、山野・森林などの自然を利用し、その自然の中に遊具を配置してつくったコースで行う、野外運動の一種です。このフィールド・アスレチックという言葉は、field（野外）と athletics（運動）を合わせた和製英語で、日本フィールド・アスレチック協会（1973年設立の任意団体）が保有する登録商標名になっています。このような施設を、園が自前で整備することはなかなかできないと思いますが、筆者（村上）のゼミでは、学生たちがキャンパスの一角に子ども達が遊べるような遊具を手作りして設置しています。大学祭の時には近隣の子ども達が多数来校し、さまざまな運動を楽しんでいます。

写真 3-2 ▶ 東洋英和女学院大学キャンパス内にあるフィールド・アスレチック

2. 心と体をほぐす運動遊びと実践課題

(1) コミュニケーションが育まれる触れ合い遊びやゲーム遊び

　子どもとコミュニケーションがとれる遊びにはどんなものがあるでしょうか？コミュニケーションのとり方は、子どもの発育・発達の状況や、保育者と子どもの間で行うのか、子ども同士で行うのか等によっても変わってきます。年齢が小さいほど保育者の手助けが必要となり、年齢が上がれば子ども同士でのコミュニケーションがうまくとれるようになります。

〈手遊びをやってみよう〉

　手遊びは、保育者が知っておくべき必須の遊びです。特に、指先を使うことは脳の発達に良い影響を与えるといわれています。子ども達の成長に合わせて、いろいろな手遊びを行ってみましょう。手遊びや、いわゆる伝承遊びは、地方によって遊び方や歌詞が違う場合があります。これという決まりがあるわけではありませんので、保育者同士で情報を交換し、さまざまな手遊びを行ってください。

▶グーチョキパーでなにつくる

　この手遊びは、右手と左手それぞれでグー、チョキ、パーのいずれかを出し、さまざまな形を作る遊びです。保育者が歌を歌いながら子ども達がまねをするというやり方が一般的です。チョキとチョキで"カニさん"、グーとグーで"ドラえもん"、パーとパーで"いただきます"等が定番ですが、オリジナルも作って楽しんでみましょう。

▶茶摘み

　この手遊びは2人で向かいあいながら歌を口ずさみ、手を打ちあう遊びです。歌の前に手拍子を1回打って始め、「な」のところでお互いの右手を打ちあい、「つ」のところで手拍子、「も」のところでお互いの左手を打ちあう、という動作を以後歌に合わせて繰り返していきます。「トントン」のところではお互い両手を2回打ちます。

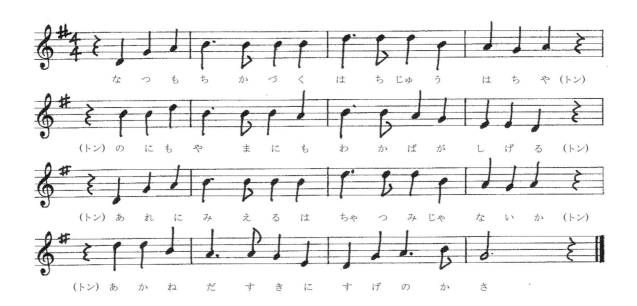

▶お寺の和尚さん

　この手遊びは「茶摘み」と同じように2人で向かい合って遊びます。「せっせっせの」でお互いの手を握って上下にゆすります。「よいよいよい」でその手を握ったまま交差させます。「お」で自分の手をたたき、次の「て」でお互い右手は下向き左手は上向きにして右手と左手同士で手をたたき合います。以後1拍ずつ、自分の手をたたく、相手と叩き合う、を繰り返します。「芽が出て」でそれぞれ自分の右手と左手を合わせ、「ふくらんで」で合わせた両手をふくらませ、「花が咲いて」で指先を開き、「ジャンケンポン」でじゃんけんをします。

コラム ④

「ずいずいずっころばし」や「とおりゃんせ」、「かごめかごめ」等、伝承遊びの歌詞について考えたことはありますか？シンガーソングライター合田道人さんの著書「童謡の謎」にはそれらの歌の持つ意味が、推測も含め多数載っていて、興味深い一冊です。ちなみに「ずいずいずっころばし」の〝ずい〟とは里芋の茎の芋茎（ずいき）のこと、〝茶壺〟とは徳川将軍に献上する京都宇治のお茶が入っている壺のことだそうです。そのお茶壺道中の行列が来ると「どっぴんしゃん」と戸を閉めて静かにし、行き過ぎたら「どんどこしょ」と騒ぎ出すと、そういう意味なんですね。子ども達と伝承遊びを行うに際し、知っていると役に立ちそうな内容です。ご一読をお勧めします。

§2 身体活動の実際と指導の実践　実践課題Ⅲ

▶ずいずいずっころばし

　この遊びは3〜5人くらいで遊びます。左右それぞれの手で軽く握った形を作ります。鬼役を決め、鬼役は軽く握るのは左手だけにし、歌に合わせて右手の人差指でみんなの軽く握ったこぶしの穴をつついていきます。歌の最後で人差し指が止まったこぶしの子どもが次の鬼役になり、また歌を歌って続けていきます。

〈じゃんけん遊び〉

　じゃんけんは主に順番を決めたりグループ分けをしたりする時に使われますが、じゃんけんそのものを楽しむ遊びもあります。じゃんけんは手遊び同様、いつでもどこでもすぐに遊ぶことができ、また公平に勝敗がわかるという特長があります。ただし、3歳位まではじゃんけんの概念を理解していません。そのような発達段階においては勝敗や成否を決めるようなことに用いないように気をつけましょう。

▶あと出しじゃんけん

　リーダー（保育者）が「勝ったら勝ちよ」「あいこが勝ちよ」「負けたら勝ちよ」という3つのパターンから1つを選び宣言します。そのあと続けて「じゃんけんぽん」をし、子ども達は宣言したパターンになるようにグー、チョキ、パーのいずれかをあと出しします。利き手ではない方の手で行うと難易度が上がります。

▶体でじゃんけん

　体でグーチョキパーを表現します。ポーズは自由に決めてかまいません。子ども達は喜んで行います。他の遊びと組み合わせるとよいでしょう。

▶グループじゃんけん

　"体でじゃんけん"を、リーダー（保育者）と4~5人のグループで行うじゃんけんです。グループ全員が同じポーズをとるため、1回ごとにグループで次に何を出すかを決めます。子どもだと全員がそろわないことも多く、盛り上がります。じゃんけんで負けたり、ポーズがそろわなかったりしたときは負けになり、そのチームは座ります。最後に残ったチームが優勝です。

▶進化じゃんけん

　4つか5つ程度の生き物を決め、ポーズを確認しておきます。たとえば①ゴキブリ②カエル③アヒル④サル⑤人間などです。全員ゴキブリから始まり、部屋の中を動き回ります。出会ったゴキブリ同士でじゃんけんをし、勝ったら②カエルに進化し、人間まで行ったらゴールです。負けたら1つ前の生き物に戻ります。また、じゃんけんは同じ生き物同士でしかできません。

〈スキンシップ〉

▶**体でドリブル**

　子どもがボールになりきって、そのボールを保育者がついてあげる遊びです。手の位置を高くしたり低くしたりしてリズミカルにドリブルをします。

▶**トンネルくぐり**

　子どもが四つん這いになり横に並び、その下を順番にくぐっていきます。スタートとゴールを決めてグループごとに競争をして楽しむことができます。

〈フープを使って〉

▶**輪くぐり**

　フープをいくつも設定して、子どもにくぐらせます。異なるサイズのフープがあるとさらに楽しくなります。またフープを差し込んで設置できる土台も市販されていますので利用すると遊びの幅が広がります。

▶**ぎったんばったん**

　2人で向い合わせに座り、お互いにフープの両サイドを持ち引っ張りっこをします。最初は状態が寝て起きるだけですが、体を丸めてゆりかごのようにして行うことにより、マット遊びの前転につながっていきます。

▶**電車ごっこ**

　フープの中に2、3人が入ってフープを持ち、電車ごっこをします。リレー形式で行っても楽しめます。

（2）ゲーム的な遊び

次に、勝ったり負けたり、ゲーム的な要素のある運動遊びをみていきましょう。

▶ケンケン押し合い

1対1で押し合い相撲をします。それぞれ腕を組んで片足でケンケンをしながら、相手を押して、決められた範囲の外へ押し出すか、両脚を床（地面）につけさせれば勝ちです。2人の力に差がありすぎて突き飛ばされ、怪我をすることのないように注意しましょう。

▶手合わせ相撲

1対1で向かい合い、手だけを使って相手のバランスを崩す相撲です。2人は50cmほど離れて向かい合い、ひじを曲げた状態でかまえます。互いに手を突き出したり引っこめたりして相手のバランスを崩し、足の位置が動いたり、手以外の体の部分にさわったりしたら負けです。

○触れ合い遊びやコミュニケーションが育まれるゲーム、遊びを考えてみましょう。

3. 器械を使った運動遊び

(1) 器械運動の基礎的な動き作り

　器械運動というと、マットの前転や後転、側転、鉄棒の逆上がり、跳び箱では開脚跳び越しなどの運動課題を思い起こしがちですが、これらはとても難しく、器械運動を窮屈な運動課題に結び付けてしまいがちであることを留意しなければなりません。そもそも私たち人間は、赤ちゃんの頃から寝返りやハイハイを経て、立ち上がっては転び、やがて、歩行や走ること、跳ぶことができるようになっていきます。人間はこのように、本来、あちらこちらに寝返りをうって転がったり、ハイハイして移動したり、体を思いのままに動かせていくことに快感を覚えるのです。器械運動は、その快感づくりに適した運動です。ですから、器械を使ってすぐさま課題に向かわせるのではなく、幼児にいたっては、まず器械を使ってのいろいろな動きを試してみたくなるような前段階の基礎的な動き作りが必要です。以下は、器械運動の基礎的な動き作りの運動例です。

〈走ったり、跳んだりすること〉

　☆だれもができる"走る"中でいろいろな運動要素を組み入れます。

▶踏み切り板をジャンプする

▶跳び箱を跳び越える

▶平均台を渡る

▶フープの中を走り抜ける

▶エバーマットの上を走る

▶立っている鉄棒の支柱をスラロームする

▶ダッシュする

▶ケンケンをする

▶直線走りと四つん這い移動を組み合わせる

〈ぶら下がったり、ひきつけたりすること〉

▶ターザン遊び

▶肋木移動

▶逆さ橋渡り

〈転がったり、支えたりする〉

▶ゆりかご

▶焼きいもごろごろ

▶手押し車

▶背倒立

▶ブリッジ

○器械運動に必要と思われる基礎的な運動を考えてみましょう。

（2）器械を使った運動遊び 〈マット運動〉

　ここでの主運動は"転がること"と"体を支えること"です。マット運動は体をコントロールするための基本的な運動といえます。いろいろな方向に転がることや、体の位置を認知していく動き作りがたくさんあります。すぐに前転や後転という課題に向かう前に、いろいろな運動遊びを経験させてあげましょう。以下は、動物の動きをイメージさせた運動ですが、マット運動に必要な動きとなります。

▶犬歩き

▶クマ歩き

§2 身体活動の実際と指導の実践　実践課題Ⅲ

▶片足のクマ歩き

▶うさぎ跳び

▶かえる跳び

▶尺取虫

▶ゆりかご

▶じゃがいも転がし

▶やきいも転がし

▶前回り　　　　　　　　　　　　　　▶手つなぎやきいも転がし

○前回りを行うまでの基本の運動を組み立ててみましょう。

（3）器械を使った運動遊び 〈跳び箱を使った運動〉

　跳び箱を跳び越すことだけに目標を置かずに、跳び上がったり跳び降りたり、跳び越えたりと跳躍を使った身体の調整力の育成を目標にしましょう。以下は、跳び箱を用いた運動遊びの例です。

▶大きな両足ジャンプで進む

▶小刻みで体を締めた両足ジャンプで進む

▶跳び箱にジャンプして上がる

▶跳び箱から跳び降りる

▶低い跳び箱を跳び越す

PART 3　子どもの身体活動の指導法と実践指導の留意点

▶両側に置いた跳び台に手をついて、間を抱え込んで跳び越す

▶適度な高さにした跳び箱を横跳び越しする

▶マッシュルーム形状の台を開脚で跳び越す

§2 身体活動の実際と指導の実践　実践課題Ⅲ

○横跳び越しまでの段階的な進め方を考えてみましょう。

（4）器械を使った運動遊び　〈鉄棒遊び〉

　鉄棒遊びでは、ぶら下がったり鉄棒を使った支持運動をたくさん経験させてから、ごく自然に上がり方、まわり方、降り方に興味が向くようにしてあげましょう。また、頭が逆さまになることから、恐怖感を抱いたり、手を離して落下してしまうことも考えられますので、まずは簡単な、だれもができる運動から始め、自分でもできそうだという気持ちを持たせてあげることが大切です。以下は、鉄棒を使った運動遊びの導入例です。

▶ナマケモノ下がり　　　　　　　　　　▶こうもり下がり

▶鉄棒でのスーパーマン

▶跳び上がり支持

▶支持跳び降り

▶足抜きまわり

▶前回り降り

§2 身体活動の実際と指導の実践　実践課題Ⅲ

▶逆上がりに挑戦

○逆上がりに必要な身体能力について考えてみましょう。
　☆逆上がりに必要な身体的な動作能力にはどんなことがありますか？

○逆上がりの段階的指導について考えてみましょう。

4. 競争も楽しい運動遊び

(1) リレーやかけっこ遊び

リレーは、みんなで協力することの楽しさを味わうことができます。また、"走ること"はすべての運動の基礎になっていきます。それらをうまく組み合わせて、楽しいプログラムを工夫してみましょう。

▶ **かけっこリレー**

かけっこをしてバトンパスをするリレーです。バトンは子どもにとって意外と持ちづらいので、輪になっているリングバトンを用いてもよいでしょう。直線コースで行ったり、周回コースで行ったりします。

▶ **ボール送りリレー**

各チーム（8人程度〜）に分かれ、座った状態で縦に並びます。一番先頭の子どもからボールを頭上に挙げ、頭上をキープしたままうしろの子どもにボールを渡していきます。一番後ろまで行ったら、最後の子どもはボールを持って立ち上がり、走って先頭まで行って座り、同じようにうしろの子どもに頭上でボールを渡していきます。最初の子どもが元の位置に戻ったらゴールです。子どもの発達段階に合わせ、先頭の子どもの前方にカラーコーンなどの目印を置いて、そこを回ってくるようにしたり、ボールを蹴って運んだり、難易度や運動量を調節してください。

▶ **手つなぎリレー**

2〜4人程度で手をつないだまま走るリレーです。仲間の走る速度に合わせることで、友だちを思いやることに気づきます。周回コースだと接触の可能性が高くなりますので、折り返しコースで行います。縦に並んでも横に並んでもかまいませんが、横に並んだ場合、折り返し地点で外側の子どもが遠心力で振り飛ばされないよう、つなぐ手をかえてそれぞれが向きを変えるようにするなど注意が必要です。

▶ **ボール運びリレー**

ボールを運ぶリレーですが、運び方にはいろいろな方法があります。2人でボールを新

聞紙に乗せて運んだり、4人程度で手をつないで円を作り、その中にボールを入れて外に飛び出さないように蹴りながら運んだり、子どもの発達状況や興味・関心を考えて設定してください。

（2）ゲーム的な運動遊び

みんなで楽しめるゲーム的な遊びは、年長クラスでは積極的に取り入れていくとよいでしょう。ストーリー性を持たせたり、仲間意識を持たせたりすると、より楽しい活動になります。

▶ネコとねずみ

ネコチームとねずみチームに分かれます。お互い2m程度離れて横一列に並んで向かい合います。リーダー（保育者）はその中間に立ち、「ね、ね、ね、ネコ（またはねずみ）!」と大きな声で宣言します。言われた方のチームは鬼になり、反対のチームの子どもを追いかけてつかまえます。あらかじめ逃げてよい後方の位置を決めておき、そこまでにつかまった子どもは抜けます。子ども同士がぶつからないように、走るのは直線のみにします。何回か繰り返し、残っていた人数の多い方が勝ちになります。

▶キツネとヒヨコ

キツネ（鬼）を1人または2人程度決め、残りを4~5人のグループに分けます。各グループは縦に一列に並び、うしろの人は前の人の肩に手をかけます。グループの先頭は親鳥で、うしろの子どもはヒヨコです。キツネは一番後ろのヒヨコをつかまえようとします。親鳥や他のヒヨコはキツネの邪魔をします。キツネがヒヨコをつかまえたら、そのグループの親鳥がキツネになり、キツネはそのグループの最後尾のヒヨコになります。

▶じゃんけんキング

4~6チームに分かれて行います。各チームでキングを決めます。キング以外の先頭の子どもを決め、円になって向い合わせになります、他の子どもは自分のチームの先頭の子どものうしろに並びます（放射状になる）。キングは一番後ろにつきます。先頭の子どもが一斉にじゃんけんし、負けた場合は自分のチームの列のうしろにまわり、次にいた子どもが先頭に行きます。キングが最後まで残ったチームが優勝です。

（3）運動会で盛り上がろう

子ども達は運動会が大好きです。通常の園活動においても、ミニ運動会のような遊びを取り入れていくと盛り上がります。

▶かけっこ

近年では小学校において、いわゆる普通の徒競走が行われない傾向にあります。まずは基本的な走力を身に付けるために、園ではかけっこをどんどんやらせてあげましょう。

▶フープくぐり競争

フープの大きさによって、1つのフープに入れる人数のグループを作り、そのグループ×3組程度で1チームとします。組数より1つ多いフープを用意します。フープをスタートからゴールに向かって一列に置き、それぞれのフープにグループごとに入り、残ったフープはゴールに近い方に置きます。スタートの合図でゴールに近い先頭のグループが空いているフープに移動します。2番目のグループは先頭のグループのいたフープに入ります。最後のグループが移り終わったら、元いたフープを前方に渡していき、先頭に置いて同じように移動していきます。先にゴール内に全員が入ったチームが勝ちです。

▶綱引き

綱引きは全身を使った運動で、運動会には欠かせません。子ども用に直径30mmほどの綱がありますので、それを利用し、力いっぱい挑戦させてください。

▶障害物競走、サーキット競争

障害物競走やサーキット競走は、工夫次第でいろいろなパターンのコースを作ることができます。障害物競走ではバランスや巧緻性に重点を置き、またサーキット競争では全身を万遍なく使い、多様な動きが求められるように配慮することが重要です。子どもの発育発達に見合ったレイアウトを考えてみてください。

5. 自然をフィールドにした遊び

（1）オリエンテーリング

　自然をフィールドにしたスポーツとして代表的なものに、オリエンテーリングがあります。本来のオリエンテーリングは、地図とコンパスを用いて、自然の山野にあらかじめ設置されたポイントを探し出し、スタートから指定された順序でそのポイントを走って通過し、ゴールまでの所要時間を競うスポーツです。当然のことながら、それを子ども達が行うことはできませんので、子ども達の発育・発達に見合ったルールを設定してあげることが必要になります。

　もっとも簡易的なものは、自然の中で行う"宝さがし"です。あらかじめ保育者が決められたフィールドの中に宝を隠しておき、子どもがそれを探すという遊びです。宝の位置の目安をある程度決めておくことが必要になります。宝の場所には、何か品物を置いておくこともできますし、スタンプを設置しておいてカードにスタンプを押したり、保育者が宝の代わりに待機していたりすることもできそうです。子ども達の発育・発達の状況にもよりますが、5、6歳であれば、あらかじめ保育者が絵地図を作成して、その中に目印となるものを描いておき、宝の大まかな位置を記してその絵地図を頼りに宝を探すようにすると、より本来のオリエンテーリングに近い遊びになります。後述する、雪遊びのできるようなフィールドで行うと、楽しさが倍増することでしょう。ただし園外で行う際は、事故防止のために周到な準備が必要になります。

○オリエンテーリングのプログラムを考えてみましょう。

（2）ネイチャーゲーム

現代の子ども達は実体験、中でも自然体験が不足しているといわれています。自然体験というと、どこか非日常的な場所に子どもを連れて行かなければできないと考えてしまいがちですが、自然は私たちの身近にもあります。一番身近な自然は私たち自身、そして

昆虫や草花、鳥などです。私たちは日頃人工物に囲まれて生活し、身の回りにあるわずかな自然は排除してしまいがちです。園外保育等を利用して、自然の動植物に少し思いを寄せ、ネイチャーゲームを楽しんでみてはどうでしょうか。

ネイチャーゲームは、アメリカのナチュラリスト、ジョセフ・コーネルが提唱した自然体験プログラムの、日本における名称です。さまざまな自然体験活動を通して、自然の不思議や仕組みを学び、自然と自分が一体であることに気づくことを目的としています。「直接的な自然体験を通して自分を自然の一部ととらえ、生きることのよろこびと自然から得た感動を共有することによって、自らの行動を内側から変化させ、心豊かな生活を送る」という生き方を目指しており、日本では公益社団法人日本シェアリングネイチャー協会が自然体験プログラムを通して、自然を楽しみ、自然と遊び、自然から学ぶよろこびに満たされた生活を送る人々をふやす活動を続けています。

ここでは子ども達にもできるネイチャーゲームのいくつかを紹介します。

① 森の福笑い

木のある場所なら近隣の公園や広場など、どこでもできるゲームです。あらかじめ保育者が、丸・三角・四角等に切った画用紙、油性ペン、ガムテープを用意しておきます。みんなで木の周りに集まり「木にも顔があるんだよ。何を考えているのかな？」などと声掛けをしながら木の様子を観察し、画用紙にペンで目を描き入れ、木に貼ります。さらに鼻や口になる部分も木に貼ります。貼りながら木に話しかけたり、触ったり、自然との触れ合いを楽しむようにすると良いでしょう。終わったらみんなの作品を見て回り、描いた時の気持ち（木の気持ち？自分の気持ち？）やストーリーを聞いてみると、さらに楽しくなります。最後は貼った画用紙をとりのぞき、木に挨拶して帰りましょう。

② 森の美術館

　１つのアイテム、ここではダンボール等の厚紙で作った額縁を使って自然を楽しみます。あらかじめ活動の範囲を決めておき、その中で美しいもの、楽しいもの、面白いもの、かわいいもの等を探し、それを額縁の中におさめるゲームです。草や木や花、石なども含め、何でもアートになってしまいます。額縁を置いておける場合と、そうでない場合が出てきますが、みんなで移動しながらそれぞれの作品を鑑賞し合って楽しんでみるとよいでしょう。

③ 大地の窓

　このゲームは、秋に落ち葉がたくさんある公園や森で行います。子ども達は落ち葉の上に寝転んで、保育者が落ち葉の布団をかけてあげます。足元から全身に落ち葉をかけてあげて、顔の周りだけ窓のように開けておきます。しばらくの間「大地の窓」から景色を眺めてみます。終わったら、みんなでどんなことを感じたか話し合うとよいでしょう。落ち葉に埋もれることを嫌がる子どもには無理強いせず、落ち葉の上に座っているだけでも楽しめます。かぶれやすい木や虫には注意しましょう。

（公益社団法人 日本シェアリングネイチャー協会ＨＰ、ほいくるＨＰ参照）

○身近な自然の中でできるネイチャーゲームを考えてみましょう。

(3) 野外活動

　子ども達の大好きな野外活動の1つに、冬の雪遊び(スキー)があげられます。特に、都会の子ども達にとって、大自然の中で雪と戯れることは貴重な経験となることでしょう。雪遊びに限らず、前出のオリエンテーリングやネイチャーゲームなども含めた自然の中で行う活動は、日常とは違う感覚を子ども達にもたらしてくれます。特に、それらが宿泊を伴う形で行われる場合はなおさらです。通常、園にて、お泊まり保育は実施されていると思いますが、園外でのお泊まりになるとなかなか難しく、おそらく外部業者の協力によって実施されていることでしょう。しかし、合宿形式でこれらの行事を行うと、子ども達は日々の活動とはまた違った一面をのぞかせることが多く、それは、以降の園生活に大いに役立つはずです。保育者の労力は相当なものになりますが、初めて雪に囲まれた世界を目にした時の子ども達の笑顔を見ただけでも、苦労は報われたなと感じることができるでしょう。

　雪遊びの一番の特徴は、自然の中で行われるということです。雪を媒体として五感をフルに働かせることができます。日常とは違う感覚に、子ども達は目を輝かせ、雪遊びの中でそりやスキーで"滑る"という行為を体感します。ここでは、スリルやスピード、バランス感覚などを味わい、上手くできた時には独特の達成感を感じることでしょう。滑るという行為は、日常ではなかなか体験できません。滑りながら子ども達は無意識のうちに物理学を体感し、自分のことを自分でコントロールすることを学びます。

　保育者は、プルークボーゲン(スキーを八の字にして滑る)ができれば大丈夫です。スキーを初めてする子ども達に対応する時指導する側は、スキーの板をつけない場合もあります。子ども達と一緒に楽しむことにより、多くのことを得ることができると思います。積極的にチャレンジしてください。

写真 3-3 ▶ 子どものスキー

§2 身体活動の実際と指導の実践　実践課題Ⅲ

○夏のキャンプ活動のプログラムを考えてみましょう。

○冬の雪遊びを考えてみましょう。

§3 身体活動の安全と危機管理

1. 事故や怪我の起こり方

　子ども達に限らず、事故や怪我が起こるのには原因があります。たとえば、歩いたり、走ったりしていて転んでしまう場合、大人の場合は何かにつまずいたりすることが主な原因の1つに上げられます。子どもの場合、大人より転ぶリスクが大きいといえます。なぜなら、全身のバランスから見て頭が大きくて重く、大人に比べて筋肉が弱いからです。また、視野が狭く、反応も鈍いといえます。まだまだ体の運動機能が未熟であるため、事故や怪我を防ぐために保育者には十分な配慮が求められます。

幼児の体の特徴と、起こりやすい事故や怪我の予測

- 頭が大きい⇒バランスが悪く、転倒しやすい。
- 頭が重い⇒窓などから外を覗き込んだりすると転落しやすい。
- 視野が狭い⇒注意範囲が狭いので、ぶつかったり交通事故にあったりしやすい。
- 呼吸数が多く気道が狭い⇒異物を喉に詰まらせて窒息しやすい。
- 脳の発育期⇒酸素を多く必要とするため、低酸素状態になりやすい。
（窒息、溺れるなど）

〈第一義は生命を守ること〉

　保育者としてまず第1に考えなくてはならないことは、子どもの生命を守るということ

です。以下に、その対処についてまとめます。

①日常に多い緊急事態　・心停止　・呼吸停止　・意識障害　・大出血　・服毒等

②生の兆候
・気を失っていないか
・呼吸はあるか（乳児：40〜30回/分、幼児：30〜20回/分）
・脈はあるか（乳児：110〜130拍/分、幼児：90〜120拍/分）
・顔色、皮膚の色、体温はどうか
・手足は動かせるか

③1次救命　呼吸停止（2〜4分）⇒心停止（2〜4分）⇒脳死
・1分以内　97%の蘇生率
・2分以内　90%
・3分以内　75%
・4分以内　50%
・5分以内　25%
・6分以内　15%

④RICE処置（怪我の救急対応）
　Rest　　　　　　安静
　Ice　　　　　　 冷やす（15〜30分）
　Compression　　圧迫　30分（専門家に委ねる）
　Elevation　　　 挙上する　30分（併せてIceを24時間継続）

〈子どもに起こりやすい事故と怪我〉

表3-2は、子どもの年齢別種類別の死亡数および死亡率を表したものです。子どもの事故、特に、乳幼児の死亡事故で多いのが、0歳児では不慮の窒息、1〜4歳児では不慮の窒息や交通事故で、5〜9歳児では交通事故と不慮の溺死となっています。図3-4は、事故の割合をグラフで表したものですが、年齢階級別に見ても高いことが分かります。

事故や怪我の発生には、必ず原因があります。環境が不備だったり、本人の不注意が原因だったり、保護者や保育者の管理が不十分だったりと、それらの不十分さによって怪我や事故は誘発されます。特に、乳幼児の場合は、危険に対する認識もほとんどといってありませんし、体をとってみると未発達で不安定な状態にあるといえます。死亡事故に繋がる要因は、極力大人が取り除いてあげなくてはなりません。保育現場での安全管理は保育

表 3-2 ▶ 子どもの年齢別種類別死亡数および死亡率 (2014年)

	交通事故	転倒・転落	不慮の溺死・溺水	不慮の窒息	煙・火および火災への曝露	有害物質による中毒	その他の不慮の事故
0歳	2人(0.2)	3人(0.3)	2人(0.2)	64人(6.4)	0人(0.0)	0人(0.0)	7人(0.7)
1〜4歳	29人(0.7)	11人(0.3)	21人(0.5)	34人(0.8)	10人(0.2)	1人(0.0)	7人(0.2)
5〜9歳	50人(1.0)	5人(0.1)	32人(0.6)	8人(0.2)	6人(0.1)	1人(0.0)	0人(0.0)
10〜14歳	34人(0.6)	6人(0.1)	25人(0.4)	8人(0.1)	7人(0.1)	1人(0.0)	4人(0.1)
15〜19歳	214人(3.6)	21人(0.4)	44人(0.7)	9人(0.2)	1人(0.0)	9人(0.2)	14人(0.2)

注：（ ）は10万人対の死亡率
「子どもに起こりやすい事故と怪我」ブックハウスHD2015より

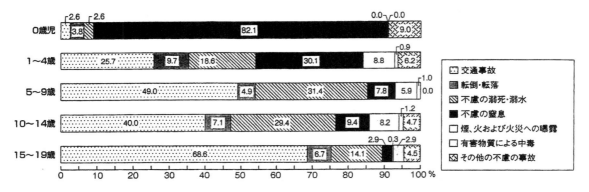

図 3-4 ▶ 年齢階級別種類別事故死亡の割合
※各年齢階級の不慮の事故死亡総数を100として
「子どもに起こりやすい事故と怪我」ブックハウスHD2015より

者の役割ですから、怪我や事故の発生の特徴を子ども達の年代に合わせてしっかりと理解しておきましょう。

　幼稚園および保育園における月別・曜日別・事故区別の負傷・疾病の発生件数は、**表3-3**、また、負傷・疾病の用具・遊具別発生件数は**表3-4、5**のようになっています。全体的な件数は、子どもの滞在時間が長い保育園の方が多くなっています。月別の発生件数は保育園、幼稚園とも10月が最も多く、12月〜3月の寒い時期はやや少ない傾向にあります。また、幼稚園は夏休み中が少なくなっています。

　曜日別の発生件数は月曜日火曜日がやや少なく、水曜日以降、週の後半にかけて多くなる傾向にあります。時間別の発生件数では午前中の10時〜12時、保育園では16時〜17時の時間帯が多くなっています。曜日別、時間別の件数を見て明らかなように、1週間のスパン、1日のスパンともに、疲れの見える曜日、時間帯で発生件数が多くなっていま

§3 身体活動の安全と危機管理

表 3-3 ▶園における月別・曜日別・時刻別の負傷・疾病の発生件数

区分		幼稚園			保育所		
		計	男	女	計	男	女
月別	4月	1,466	930	536	3,605	2,232	1,373
	5月	2,609	1,584	1,025	3,744	2,321	1,423
	6月	2,462	1,485	977	3,751	2,284	1,467
	7月	1,464	912	552	3,245	2,042	1,203
	8月	395	269	126	2,578	1,639	939
	9月	2,391	1,476	915	3,860	2,427	1,433
	10月	2,683	1,687	996	4,651	2,878	1,773
	11月	2,169	1,357	812	3,670	2,309	1,361
	12月	1,471	935	536	3,146	2,014	1,132
	1月	1,508	953	555	3,175	1,974	1,201
	2月	1,895	1,144	751	3,266	1,979	1,287
	3月	1,215	760	455	3,163	1,955	1,208
	月別合計	21,728	13,492	8,236	41,854	26,054	15,800
曜日別	月曜	3,652	2,279	1,373	7,095	4,388	2,707
	火曜	4,247	2,640	1,607	7,913	4,885	3,028
	水曜	4,190	2,623	1,567	8,354	5,168	3,186
	木曜	4,631	2,850	1,781	8,312	5,210	3,102
	金曜	4,702	2,917	1,785	8,581	5,347	3,234
	土曜	234	142	92	1,564	1,033	531
	日曜	72	41	31	35	23	12
	曜日別合計	21,728	13,492	8,236	41,854	26,054	15,800
時刻別	0-7時	39	27	12	67	44	23
	7-8時	24	13	11	196	140	56
	8-9時	824	528	296	2,474	1,571	903
	9-10時	3,472	2,220	1,252	5,762	3,678	2,084
	10-11時	3,720	2,296	1,424	9,034	5,576	3,458
	11-12時	3,519	2,173	1,346	5,923	3,587	2,336
	12-13時	1,985	1,246	739	2,793	1,772	1,021
	13-14時	3,762	2,310	1,452	1,287	824	463
	14-15時	2,525	1,532	993	1,972	1,173	799
	15-16時	980	594	386	3,001	1,876	1,125
	16-17時	619	385	234	5,566	3,455	2,111
	17-18時	216	139	77	3,086	1,926	1,160
	18-19時	32	22	10	634	390	244
	19-20時	7	5	2	50	37	13
	20-21時	4	2	2	6	3	3
	21-22時	0	0	0	3	2	1
	22-24時	0	0	0	0	0	0
	時刻別合計	21,728	13,492	8,236	41,854	26,054	15,800

(「学校の管理下の災害」平成 27 年度版より)

す。子ども達の集中力はもちろん、保育者の集中力も長く続くわけではありません。1週間、1日の流れを考慮して保育活動の計画を立てていくことが、事故や怪我の予防につながります。

表 3-4 ▶ 負傷・疾病の体育用具・遊具別、男女別件数表（幼稚園）

区分	合計 計	合計 男	合計 女	3歳 男	3歳 女	4歳 男	4歳 女	5歳 男	5歳 女	6歳 男	6歳 女
鉄棒	597	224	373	16	19	49	95	119	183	40	76
ぶらんこ	294	138	156	22	28	31	63	60	48	25	17
シーソー	18	9	9	0	1	2	2	5	4	2	2
回旋塔	12	7	5	3	1	0	1	2	2	2	1
すべり台	874	608	266	104	57	189	80	221	90	94	39
ジャングルジム	272	159	113	33	16	44	36	51	52	31	9
雲てい	538	262	276	20	18	81	85	123	114	38	59
登り棒	152	81	71	4	8	25	15	37	34	15	14
遊動円木	9	7	2	1	1	3	0	3	1	0	0
固定タイヤ	43	15	28	2	1	5	3	5	15	3	9
砂場	375	247	128	51	35	85	34	83	38	28	21
総合遊具・アスレチック	791	502	289	72	46	159	91	175	103	96	49
その他	1,427	887	540	101	57	219	149	374	217	193	117
合計	5,402	3,146	2,256	429	288	892	654	1,258	901	567	413

（「学校の管理下の災害」平成27年度版より）

表 3-5 ▶ 負傷・疾病の体育用具・遊具別、男女別件数表（保育園）

区分	合計 計	合計 男	合計 女	0歳 男	0歳 女	1歳 男	1歳 女	2歳 男	2歳 女	3歳 男	3歳 女	4歳 男	4歳 女	5歳 男	5歳 女	6歳 男	6歳 女
鉄棒	829	374	455	0	0	2	3	11	11	46	45	103	146	143	187	69	63
ぶらんこ	296	152	144	0	0	6	3	5	13	23	21	37	35	59	52	22	20
シーソー	26	16	10	0	0	0	1	0	0	2	3	5	2	7	4	2	0
回旋塔	10	6	4	0	0	1	0	1	0	1	1	1	1	2	1	0	1
すべり台	1,240	818	422	1	0	43	38	75	48	153	80	255	106	205	113	86	37
ジャングルジム	423	263	160	0	0	8	8	33	23	54	36	55	42	83	35	30	16
雲てい	560	274	286	0	0	1	1	5	11	40	40	93	108	106	92	29	34
登り棒	154	88	66	0	0	1	0	3	0	12	8	32	17	32	33	8	8
遊動円木	9	5	4	0	0	0	0	0	0	1	0	2	2	2	2	0	0
固定タイヤ	74	42	32	0	0	0	0	1	0	8	4	11	8	12	15	10	5
砂場	802	507	295	2	2	30	35	77	40	119	58	139	62	101	73	39	25
総合遊具・アスレチック	801	536	265	1	0	17	9	37	27	100	47	147	75	173	71	61	36
その他	2,256	1,406	850	1	2	40	47	145	74	224	132	321	189	468	261	207	145
合計	7,480	4,487	2,993	5	4	149	145	393	247	783	475	1,201	793	1,393	939	563	390

（「学校の管理下の災害」平成27年度版より）

2. 保育者の危機管理意識と留意ポイント

〈事例1〉

　子どもの体操教室を行っていたときのことです。体育館の中でサーキット的な運動をしていて、子どもの1人が平均台を渡り始めました。2台の平均台が逆のくの字型においてあったのですが、子どもはちょうど曲がり角でバランスを崩して平均台から落ちてしまいました。しかし、側にいた学生の補助で大事には至らず、学生は、後に「多分、曲がり角でバランスを崩すのではないかと思って、急ぎ補助についていました」と述べていました。その子の運動能力を把握した上で、運動行動にある危険部分を察知していたのです。

　この例のように、身体活動の安全や危機管理意識を持つためには、子ども達の身体機能や身体能力は勿論のこと、いろいろな運動場面での失敗や、危険と思われる部分の把握が重要になります。そのため、指導者（保育者）が管理できる部分と本人が注意して危険から身を守る部分、指導者や本人以外でも安全が確保できる環境設定が、相互に機能して危機管理を構築していく必要があります。図3-5は、危機管理の関係を図に表したものですが、事故や怪我はこのような管理によって免れています。まず、1つ目は実施者である子ども自身です。先生や指導者、管理者がいなくても自分自身の注意力が高ければ事故や怪我が発生しにくいといえます。2つ目は、指導者である保育者の、怪我や事故を未然に防ぐ危機管理意識です。子どもは体が不安定で注意力も散漫ですから、指導者の注意力と行動が大きな役割を果たします。3つ目は環境の安全整備です。遊び場や子ども達の活動場面の環境で、たとえば園庭や園舎内においては、危険な場所はないか、怪我や事故を誘発するような個所はないか等、指導者に安全管理の手ほどきが薄くなるような場合や注意力の散漫な子ども達の活動場面であっては、安全な環境設定

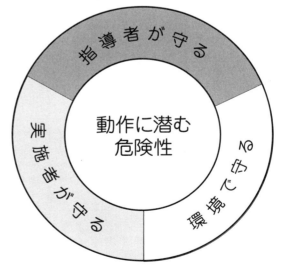

図3-5 ▶ 危険管理のバランス
（「スポーツ指導者の危機管理力」阿部和雄 2009より）

は不可欠となります。この3つがバランスよく、各々の領域が効果的に作用すれば、危機管理上望ましい状態となります。しかし、どれか1つの領域に手薄な部分が認められれば、それだけ怪我や事故が起こるリスクが高くなるといえます。劣悪な環境の運動場で指導者もいなく子ども達だけで遊びが始まったとしたら、当然、そこには怪我や事故が発生する可能性があるといわざるを得ません。保育者は怪我や事故がなぜ起きるのか、その原因を十分理解して、危機管理能力をつねに高めておく必要があるのです。

○家庭と保育現場での危機管理について、保育者にはどのようなことが求められうるか具体的に考えてみましょう。

表 3-6 ▶園の安全性チェックリスト

場　所	チェック項目
保育室	□建物の施設、備品、遊具、用具には錆や破損がなく、落下や転倒がないように所定の位置に置かれているか。 □とがった物や突起物が体に触れないようになっているか。 □掲示物が落ちないように、押しピンがしっかり留めてあるか。 □子どもがドアや戸棚などの扉を開閉したときの安全を配慮してあるか。 □ピアノのふたは、指をはさまないように、安全の配慮がしてあるか。 □電気コードが床を横切り、つまずく危険はないか。 □電気のコンセントやスイッチに破損がないか。カバーなど、安全の配慮がしてあるか。 □危険な物が子どもの手が届くところに置かれていないか。 □暖房器具は火傷をしないように配慮されているか。 □戸棚は、転倒防止の措置がとられているか。 □水を使用するところは、滑らないように配慮してあるか。
廊下	□床の破損がなく滑らないようにしてあるか。 □ガラスや針など、危険な物が落ちていないか。
遊具（室内）	□遊具の破損がなく衛生的にいつでも使えるか。 □おもちゃは清潔に保たれているか。
園庭	□石、ガラス片、木の枝など危険なものが落ちていないか。 □雨の後、水はけがよく、転ばないように整備されているか。 □転落・転倒する恐れのある遊具の近くにはマットを敷くなど安全の配慮がしてあるか。 □マンホール、側溝のふたは安全に閉めてあるか。
砂場	□鳥、犬、猫の糞の処理と、園内に入らない配慮がしてあるか（休園日など）。 □砂の量は充分あり、固まっていないか。 □砂の中に危険な物はないか。 □定期的な消毒（日光や薬品）をしているか
遊具（室外）	□遊具の支柱の腐食、ぐらつき、根元の露出状況、形状の変化がないか。 □接合部分（ボルト）などのゆるみ、部品の破損、欠落、回転部分の摩耗がなく使用できる状態であるか。 □ペンキのはがれや突起物、錆がなく安全に使用できるか。 □遊具下、着地部分の安全性が確保されているか。 □庭木の枝が折れている、とがっているなど、危険な状態になっていないか。
外塀	□子どもが触れても安全であるか。 □金網、ブロックの破損がないか。 □樹木が安全に管理されているか。
玄関や門扉	□外部からの不審者対策はできているか。 □子どもが門扉の操作をしないように配慮してあるか。

（「子どもの元気を育む保育内容研究」池田裕恵・高野陽 2009 より）

《参考文献等》

幼児期運動指針策定委員会「幼児期運動指針ガイドブック　毎日、楽しく体を動かすために」文部科学省 (2015)

文部科学省「体力向上の基礎を培うための幼児期における実践活動の在り方に関する調査研究」(2011)

千駄忠至「小学校における体育授業の楽しさに関する研究：各運動教材の楽しさの種類と因子構造について」日本教科教育学会誌 (1989)

徳永幹雄、橋本公雄「体育授業の"運動の楽しさ"に関する因子分析的研究」九州大学健康科学 (1980)

村上哲朗「体育の楽しさの要因に関する一考察」東洋英和女学院大学（研究報告）(2016)

岩崎洋子ほか『保育と幼児期の運動あそび』萌文書林 (2008)

文部科学省「幼稚園教育要領（平成20年3月告示）」(2008)

F. フェッツ著、阿部和雄訳『体育の一般方法学』プレスギムナスチカ (1977)

奥成達『遊び図鑑』福音館書店 (1987)

稲坂恵著、反町吉秀監修『乳幼児の致命的な事故』学建書院 (2013)

池田裕恵、高野陽『子どもの元気を育む保育内容研究』不昧堂出版 (2009)

五味常明『汗をかけない人間は爬虫類化する』祥伝社新書 (2007)

阿部和雄、三輪康廣『スポーツ指導者の危機管理力　多分大丈夫は大丈夫ではない』南北社 (2009)

国土交通省「都市公園における遊具の安全確保に関する指針（改訂第2版）」(2014)

日本学術会議「子どもを元気にする運動・スポーツの適正実施のための基本指針」(2011)

梶谷信之、梶谷みどり『幼児の器械運動あそび』大学教育出版 (2007)

合田道人『童謡の謎──案外、知らずに歌ってた』祥伝社黄金文庫 (2003)

合田道人『童謡の謎(2)──案外、知らずに歌ってた』祥伝社黄金文庫 (2004)

公益社団法人　日本シェアリングネイチャー協会 HP　http://www.naturegame.or.jp/（2017年1月20日取得）

こども法人キッズカラー　ほいくる HP https://hoiclue.jp/（2017年1月25日取得）

ブックハウス HD『子どもに起こりやすい事故と怪我』(2015)

独立行政法人日本スポーツ振興センター「学校の管理下の災害（平成27年度版）」(2015)

■編著者紹介

村上　哲朗（むらかみ　てつろう／1955年生まれ）
　　日本体育大学大学院体育学研究科体育方法学専攻修了・体育学修士
　　日本体育大学大学院助手、東洋英和女学院短期大学を経て、
　　　現在、東洋英和女学院大学教授
　　専門は、体育方法学（体操競技）、幼児体育研究。2000年シドニーオリンピック
　　　大会体操総監督として参加
〔主な著書〕
・「健康生活とスポーツ・体育」（建帛社、1987、共著）
・「演習保育講座6　保育内容・健康」（光生館、1990、共著）
・「オリンピック事典」（プレスギムナスチカ、1981、分担執筆）など

山里　哲史（やまさと　てつし／1962年生まれ）
　　早稲田大学教育学部教育学科体育学専修卒業
　　千葉大学大学院教育学研究科保健体育専攻修了・教育学修士
　　東京女学館大学教授を経て、
　　　現在、京都聖母女学院短期大学児童教育学科教授
〔主な著書〕
・「健康科学」（神奈川大学健康経営研究会、1995、共著）

イラスト協力：下坂　玉起（p.7, 34, 47, 49, 51, 58, 60, 70, 75, 102, 104, 107, 109）

保育者を目指す学生のための「保育内容・健康」実践教本

2017年3月30日　第1刷発行

編著者　　村上　哲朗・山里　哲史　　©T. Murakami, 2017
発行者　　池上　淳
発行所　　株式会社　**現代図書**
　　　　　〒252-0333　神奈川県相模原市南区東大沼2-21-4
　　　　　TEL　042-765-6462（代）　　　　FAX　042-701-8612
　　　　　振替口座　00200-4-5262　　　　ISBN　978-4-434-23065-3
　　　　　URL　http://www.gendaitosho.co.jp　　E-mail　info@gendaitosho.co.jp
発売元　　株式会社　**星雲社**
　　　　　〒112-0005　東京都文京区水道1-3-30
　　　　　TEL　03-3868-3275（代）　　　　FAX　03-3868-6588
印刷・製本　モリモト印刷株式会社

落丁・乱丁本はお取り替えいたします。　　　　　　　　　　　　　　Printed in Japan
本書の内容の一部あるいは全部を無断で複写複製（コピー）することは
法律で認められた場合を除き、著作者および出版社の権利の侵害となります。